a inovação destruidora

OBJETIVA

luc ferry

a inovação destruidora

ensaio sobre a lógica das sociedades modernas

Tradução
Véra Lucia dos Reis

OBJETIVA

Grafia atualizada segundo o Acordo Ortográfico da Língua Portuguesa de 1990, que entrou em vigor no Brasil em 2009.

EDITORA OBJETIVA LTDA.
Rua Cosme Velho, 103
Rio de Janeiro — RJ — Cep: 22241-090
Tel.: (21) 2199-7824 — Fax: (21) 2199-7825
www.objetiva.com.br

Título original
L'Innovation Destructrice

Capa
Mateus Valadares

Imagem de capa
Stockphoto © happyfoto

Revisão
Ana Kronemberger
Suelen Lopes
Ana Grillo

Editoração eletrônica
Abreu's System Ltda.

CIP-BRASIL. CATALOGAÇÃO-NA-FONTE
SINDICATO NACIONAL DOS EDITORES DE LIVROS, RJ

F456i

Ferry, Luc
A inovação destruidora: Ensaio sobre a lógica das sociedades modernas / Luc Ferry; tradução Véra Lucia dos Reis. – 1. ed. – Rio de Janeiro: Objetiva, 2015.

Tradução de: *L'Innovation Destructrice*
119p. ISBN 978-85-390-0677-9

1. Filosofia. 2.Inovação. 3. Capitalismo. I. Título.

15-21158 CDD: 100
CDU: 1

Sumário

Neste universo de competição universal que se chama globalização, os investimentos inovadores se tornaram vitais para nossas economias. Uma empresa que não inova continuamente e em todos os campos — produtos, comunicação, relações humanas, informática, conquista de novos mercados, organização da produção, dos transportes etc. — está fadada à morte, pois será varrida por suas concorrentes. Ora, a França inova cada vez menos e se desindustrializa cada vez mais, uma coisa explicando a outra. Pergunta: por quê? De onde vêm os freios à inovação? A ideia que motiva este livro é que a inovação, apesar de todos os benefícios que traz para os que têm a sorte insigne de viver em velhas democracias europeias, possui uma face escondida, um lado obscuro cujas ramificações vão muito além exclusivamente da esfera mercantil. São elas que se deve explorar se quisermos compreender e, se for o caso, suprimir as hesitações que atualmente a lógica dominante da economia moderna suscita e, de modo mais geral, se quisermos ter uma ideia correta, não caricatural ou irônica, do pessimismo depressivo que constantemente ameaça paralisar o país.

Sobre a natureza dos freios à inovação conforme o discurso patronal

A respeito dessas resistências e reticências, o discurso patronal muitas vezes evoca duas causas, uma material, a outra intelectual e moral. A primeira é evidente demais para que seja necessário insistir: esmagadas por um fiscalismo cada vez mais invasor, porque destinado a financiar uma despesa pública que ninguém, nem à direita, nem à esquerda, há décadas consegue cortar, numerosas empresas francesas não têm mais a margem de lucro que lhes permitia investir serenamente no futuro. Imobilizadas pelo peso exorbitante que o Estado deposita sobre elas, elas são cada vez menos competitivas diante dos BRICS — Brasil, Rússia, Índia, China, África do Sul —, os novos participantes do circuito do consumo e da produção capitalista globalizada. Seria, portanto, necessário reduzir urgentemente a velocidade, diminuir drasticamente o número de funcionários, suprimir a máquina do governo, racionalizar as despesas da saúde, reformar as leis trabalhistas etc. para finalmente aliviar os encargos sociais, tornando-os, ao mesmo tempo, por isso, mais eficazes.

Ainda conforme esse discurso corrente hoje em dia nos meios empresariais, outro dado, agora intelectual e moral, vem imobilizar o crescimento: a absurda inscrição do princípio da precaução na Constituição seria o símbolo de uma sociedade que cede pouco a pouco à ideologia funesta do risco zero. Obrigado, ecologia! Como se o medo devesse a partir de agora figurar no frontão dos edifícios públicos, no topo de nossa Constituição republicana. De fato, tive com frequência a oportunidade de dizer e de escrever, é verdade que nosso continente parece tetanizado pela angústia, temos medo de tudo: do sexo, do álcool, do fumo, da rapidez, dos OGM [organismos geneticamente modificados], do buraco na camada de ozônio, das nanotecnologias, das micro-ondas, da Turquia, da globalização, do aquecimento global, das antenas de celulares, de meu amigo Claude Allègre, que motivou uma petição de pesquisadores ecologistas, assustados com seu tom livre, e de mil coisas ainda mais abomináveis. Não estou brincando: os filmes sobre catástrofes ambientais que nos infligem nas telas comprovam, lamentavelmente, o caráter bem real dessa proliferação de medos.

Há mais, porém: tudo acontece como se uma insidiosa desculpabilização dessa paixão, antes considerada vergonhosa e infantil, viesse se somar ao seu crescimento exponencial. Ainda na minha infância, não só na escola, mas também em casa, os adultos tentavam passar a mensagem da filosofia desde a aurora dos tempos: o medo é mau conselheiro. Tornar-se "gente grande", para falar como o Pequeno Príncipe de Saint-Exupéry, é primeiramente ter coragem de enfrentar as trevas, vencer o medo do escuro, ser capaz de um dia separar-se dos pais e ir para o mar aberto, ou mesmo socorrer uma pessoa fraca agredida no trem ou no metrô. Não estávamos obrigatoriamente à altura, mas pelo menos tentávamos conseguir isso e éramos de forma permanente encorajados a fazê-lo.

Hoje, por causa das ideologias ecologistas e pacifistas oriundas da Europa do norte (penso notadamente no célebre "*Lieber rot als tot!*" [Antes vermelho que morto!], dos Verdes alemães), o medo mudou de condição. Ele não é mais considerado sinal de puerilidade, mas, ao contrário, o primeiro passo para a sabedoria, entendida no sentido desse maldito princípio de precaução. No livro de Hans Jonas, *O princípio responsabilidade*, obra considerada a bíblia dos ecologistas alemães, encontramos um capítulo intitulado significativamente "Heurística do medo": este é apresentado como aquilo que nos permite "descobrir" (sentido da palavra grega *heurisko*) as ameaças que pesam sobre o mundo, sobre o meio ambiente, bem como sobre a geopolítica, logo, como um elemento salutar de tomada de consciência.

Para um filósofo grego, essa ideia teria parecido grotesca, completamente absurda, o ser humano tomado pela angústia, sendo o contrário do sábio. O medo nos torna tolos e maus, incapazes de pensar livremente, ou de nos abrir ao outro. Basta ver com que nos parecemos quando uma pequena fobia toma conta de nós, a fobia dos insetos, dos répteis, de um elevador que enguiça, de um inocente ratinho... Sejamos claros: o rato mata muito pouco todos os anos, mas, quando a fobia nos pega, não há nada a fazer, ficamos, por assim dizer, "imprensados", toda reflexão sensata se esvai para dar lugar à estupidez e ao aprisionamento em si. O sábio é exatamente o contrário. Ele é aquele que, tendo, como Ulisses, vencido seus medos, encontra-se em situação de pensar e de amar livremente, capaz de inteligência e de abertura para os outros. É essa mensagem que nossas sociedades ocidentais não apenas esqueceram, mas nitidamente inverteram sob o efeito das bordoadas aplicadas pelos ecologistas contra o aquecimento global, a suposta periculosidade dos OGM, do gás de xisto, ou da tecnologia nuclear. Se continuarmos a ouvi-los, sem dúvida acabaremos nossas vidas fechados num tonel cheio de algodão, enrolados num gigantesco preservativo...

Longe de mim a ideia de negar a parte de verdade que reside nesse discurso sobre o peso exorbitante do Estado, bem como sobre a sacralização constitucional do princípio de precaução. O que chamo aqui, por comodismo, de "discurso patronal" tem em geral um alcance preciso, e até mesmo muito preciso. Estou, porém, convencido de que é preciso ir mais longe, muito mais longe na análise se quisermos compreender em toda a sua amplitude a verdadeira origem dos elementos que suscitam a tendência geral das sociedades modernas à mudança contínua, à inovação permanente, não apenas na esfera econômica, mas também em todos os campos da existência humana — a arte, os costumes, os valores, o vestuário, a cultura, a informação, a tecnociência, a escola —, tudo o que é "ultrapassado" ou "démodé" sendo destinado à obsolescência ou ao museu.

Antes de tudo é necessário se ter uma ideia clara das razões pelas quais o capitalismo, como já havia compreendido um dos maiores economistas do século XX, Joseph Schumpeter, nos destina, inelutavelmente, à perpétua lógica da inovação pela inovação e, por isso, o que dá no mesmo, à lógica da ruptura, também ela incessante, com todas as formas de herança, de patrimônio e de tradição. Que meu leitor aceite acompanhar-me por um momento nesta análise e ele compreenderá rapidamente como ela é insubstituível para a compreensão do tempo presente.

Os dois crescimentos: "estímulo ao consumo" e "destruição criadora"

Na economia moderna existem dois modelos de crescimento, um crescimento que poderíamos chamar de "keynesiano", e outro que qualificaríamos como "schumpeteriano", a partir do nome daqueles que foram, sem dúvida, os dois mais marcantes economistas do século passado.

O primeiro procede do aumento do número de consumidores e, se possível, do tamanho de suas carteiras. O segundo afirma que o verdadeiro motor do crescimento é a inovação, que torna, aos poucos, obsoletos todos os restos do passado, sejam produtos, modos de vida ou organizações tecnicamente ultrapassadas.

Evidentemente, a lógica keynesiana não tem nada de absurdo, pelo menos num primeiro momento. É claro que, se o número e a riqueza dos potenciais consumidores aumentam, se eles compram continuamente mais, as empresas verão suas carteiras se encherem, o que produzirá crescimento e, consequentemente, também o emprego necessário para responder à demanda. Em geral, a esquerda adora Keynes, ou, pelo menos, o que ela retira dele com sua famosa teoria do "estímulo ao consumo".* Não é difícil compreender por quê: no debate público, o raciocínio na maior parte das vezes reduzido a seu estado esquelético permite participar em todos os planos, e nisso ele é uma espécie de quintessência da demagogia comum na esfera política. Basta — e assim em geral defende a extrema esquerda, mas também, infelizmente, alguns gaullistas bem-pensantes — aumentar os salários, especialmente o SMIC (salário mínimo),** para que se retome o consumo das famílias, e, com ele, naturalmente, o crescimento e o emprego. COMO SE QUERIA DEMONSTRAR!

Nessas condições, perguntamo-nos por que ainda existem patrões tão ávidos e políticos tão servis para com a "classe dominante", a ponto de recusarem essa solução que, no entanto, contentaria a todos: os operários, cujo padrão de vida aumentaria; o Estado, cujos cofres se encheriam; os desempregados, que encontrariam emprego, e até

---

* Keynes vale infinitamente mais do que o raciocínio simplista que comumente lhe atribuem um pouco apressadamente...

** Desde 1º de janeiro de 2014, o montante do SMIC bruto por hora se eleva a 9,53 euros bruto, ou seja, 1.445,38 euros mensais com base na duração legal do trabalho de 35 horas semanais.

mesmo as empresas, cujo avanço seria ainda mais florescente! Como ninguém se atira sobre uma panaceia tão milagrosa?

O motivo é que o argumento que a sustenta se rompe tão rapidamente que chegamos a nos perguntar como é que ainda hoje existem líderes sindicais ou políticos que ousam defendê-la em público, sem provocar o riso geral. Para se convencer disso basta a prova por contradição: se o aumento dos salários — que supostamente relançaria o consumo, o crescimento e o emprego — fosse a medida a ser tomada urgentemente; se, nessa perspectiva, o aumento do salário mínimo fosse necessário, por exemplo, nas condições de hoje, para 2 mil euros brutos, por que interromper um caminho tão bom? Por que não um salário mínimo de 5 mil euros, 10 mil euros, e até mais?

Vê-se bem que o raciocínio esbarra logo num limite, que é duplo: por um lado, as margens de lucro das empresas não são infinitas e, por outro, estamos abertos a uma globalização no seio da qual alguns de nossos concorrentes diretos, particularmente a China, têm custos de produção 25 ou trinta vezes inferiores aos nossos, notadamente por causa da ausência de Estado assistencial, logo, de pesados encargos sobre suas empresas, e também por causa de baixos salários e uma carga horária que não se compara à praticada na Europa. Seria necessário enviar urgentemente a CGT [Confederação Geral do Trabalho] à China para ali criar movimentos sociais, uma proteção social digna do nome e, com ela, os encargos tão pesados quanto os nossos! Mas, enquanto não for o caso, não vejo como o governo da França poderia sozinho restabelecer a equidade na concorrência.

No contexto atual de economias irremediavelmente abertas ao mercado global, é, portanto, certamente Schumpeter quem tem razão, é preciso ler e reler sua obra, de tal modo que sua teoria da "destruição criadora" é mais pertinente e justa do que nunca. De fato, é claro que o que essencialmente alimenta o crescimento se situa na invenção de novidades em todos os campos essenciais à produção capitalista: os produtos, evidentemente, mas também a organização do trabalho, a conquista de novos mercados, de novos métodos de produção, de novos meios de transporte, de novas fontes de matérias-primas etc. Aliás, é nos setores em que a França foi capaz de inovar — em especial o TGV [Trem de Grande Velocidade] e a Airbus — que ela se salva.

Para dar um exemplo bem simples, mas significativo, quando uma empresa como a Apple muda o conector do último iPhone, somos obrigados a comprar novos adaptadores. De modo mais abrangente, basta examinar nossos celulares ou computadores de dez anos atrás para ver até que ponto a inovação permanente nos obrigou a sempre comprar novidades. O mesmo com nossos carros: não passaria pela cabeça de ninguém hoje, salvo por diversão ou aposta, sair de férias com a família com o porta-malas lotado, num Renault 4cv dos anos 1950, mesmo que ele estivesse em perfeitas condições de funcionamento, como se fazia, contudo, sem hesitação na minha infância. Os progressos realizados em matéria de segurança, de conforto e de confiabilidade foram tais em algumas décadas que os "automóveis" de nossos avós, ou mesmo de nossos pais, nos parecem simplesmente inutilizáveis a não ser por colecionadores de veículos clássicos.

Acrescentemos que não são apenas os produtos que evoluíram. Existem também mutações globais, "multiusos", como dizem os economistas, que literalmente alteram nossos modos de vida e suscitam novas vias de produção e de consumo, logo, de crescimento e de emprego. O exemplo da internet é, evidentemente, o mais marcante. Ela muda de alto a baixo o dado econômico em uma infinidade de campos, da livraria ao turismo, da publicidade à informação, passando por todas as formas de venda on-line e de download legal ou ilegal. Demos a César o que é de César e citemos, para que fique registrado, o que Schumpeter já escrevia a respeito da lógica da inovação ou, como ele mesmo dizia, da "destruição criadora", nos anos 1940:

> De fato, o impulso fundamental que mantém em movimento a máquina capitalista é impresso pelos novos objetos de consumo, pelos novos métodos de produção e de transporte, pelos novos mercados, pelos novos tipos de organização industrial — todos eles elementos criados pela iniciativa capitalista [...]. A abertura de novos mercados nacionais ou externos e o desenvolvimento das organizações produtivas, desde o ateliê de artesanatos e a manufatura até as empresas amalgamadas, tais como a U. S. Steel, constituem exemplos do mesmo processo de mutação industrial — se me permitem essa expressão biológica — que revoluciona incessantemente, de dentro, a estrutura econômica, destruindo continuamente seus elementos envelhecidos e criando do mesmo modo elementos novos. Esse processo de "destruição criadora" constitui o dado fundamental do capitalismo: é nele que consiste, em última análise, o capitalismo, e todo empreendimento capitalista deve, quer queira, quer não, adaptar-se a ele.

O interessante é que, nesse resumo que Schumpeter faz de sua própria teoria, os elementos de freio, de inquietação e de dúvida quanto à inovação aparecem muito pouco. Evidentemente, a inovação tem seu lado positivo, o do "progresso", e, para não restarem dúvidas, não deixarei de afirmar neste livro o quanto sou favorável a ele. Eu até escrevi para refletir mais inteligentemente sobre os meios de romper as barreiras à inovação, sem pagar — voltaremos a isso — um preço muito alto ao "progresso". Falando de modo simples, na história da Europa capitalista, nossa expectativa de vida foi praticamente multiplicada por três desde o final do século XVIII, e nosso padrão de vida médio por vinte! Tomando-se um ponto de referência mais próximo, nosso poder aquisitivo real triplicou desde os anos 1950 — e todos os que, como eu, conheceram o período do pós-guerra, de caramelos a um franco, balas, baldes de lata e suas moradias sem aquecimento central, nem banheiro — podem comprovar simplesmente recordando-se da infância.

Ao contrário do discurso absurdo do anticapitalismo de botequim, não foi a economia liberal que mergulhou as massas na miséria, mas foi ela que as tirou de lá, e isso porque certamente foi a única infraestrutura econômica que, se não engendrou, pelo menos adotou necessariamente uma vida política que autorizava movimentos sociais e permitia a crítica sindical ou política, inclusive a mais radical, de seus próprios fundamentos.

Nem por isso numerosos aspectos negativos deixaram de se associar intrinsecamente à lógica da inovação pela inovação — o que explica as resistências que ela suscita muito além dos simples discursos convencionais do anticapitalismo comum.

Primeiramente porque ela cria, sem cessar, insegurança, flexibilidade para os empregados, como que uma obrigação imperativa para os próprios empresários de se entregarem a toda hora a estratégias de adaptação à concorrência mundial.* Impossível para qualquer um repousar sobre os louros, encontrar o menor desafogo no turbilhão capitalista. Até porque o crescimento — mesmo quando se faz presente e poderia, a priori, parecer uma boa notícia — é tudo exceto um longo rio tranquilo. As inovações técnicas nas quais ele se apoia não perturbam apenas de alto a baixo nossos costumes e nossos modos de viver, mas, pelo menos num primeiro momento, criam também inevitavelmente o desemprego, as desigualdades, e até mesmo, paradoxo supremo, o decrescimento!

---

* Como insiste meu amigo Nicolas Bouzou em seu excelente livro *On entend l'arbre tomber mais pas la forêt pousser* [Ouve-se a árvore cair, mas não a floresta crescer], do qual retiro grande parte das análises que se seguem.

Por quê?

Quer se trate do livro no tempo de Gutenberg, ou da revolução digital hoje, as inovações técnicas primeiro levam ao desemprego aqueles que viviam no mundo antigo. Por exemplo, a tipografia vai tirar o trabalho dos escribas, já que um único tipógrafo pode, a partir de então, substituir até duzentos copistas. Atualmente, a difusão digital dos livros e dos discos questiona a existência própria dos livreiros e dos vendedores de disco. Além disso, os primeiros a se beneficiarem dessas grandes mutações são imediatamente os que receberam uma boa formação. Donde o surgimento de novas desigualdades: infelizes são os não diplomados quando o mundo muda!

Logo, desemprego, desigualdade, mas também, durante os primeiros passos, decrescimento: sem falar, como acabo de fazer, nos vendedores de disco que desapareceram, ou dos livreiros que hoje são ameaçados pelos tablets e pelas vendas on-line, é preciso ver que, antes de produzir efeitos positivos em termos de consumo e de emprego, a revolução digital supunha que se investisse com risco. Nos anos 1990, as empresas que decidem se equipar com computadores não são mais rentáveis que outras, de modo que, no início, o tempo e o dinheiro tomados pelo material novo, imobilizam seu desenvolvimento. Apenas mais tarde, quando aparece o que os economistas chamam de "síntese inovadora", avalia-se o quanto a internet muda e facilita nossas vidas: os downloads diversos, a educação, a informação e o comércio on-line se desenvolvem a ponto de ninguém — exceto alguns intelectuais que vivem da crítica do mundo moderno (e que nem por isso deixam de vender seus livros na Amazon) — pensar de agora em diante em se privar dela, assim como do telefone ou da máquina de lavar. Como escreve um de nossos melhores economistas, Nicolas Bouzou, retomando na conjuntura atual a análise de Schumpeter:

> A destruição criadora sacode o corpo social permanentemente. Quanto mais forte é o crescimento, mais o corpo social é sacudido. Sem crescimento, porém, as condições de vida não melhoram. Certamente, a desestruturação do corpo social é proporcional à amplitude das ondas de inovação. Elas atingem seu paroxismo quando aparecem o que os americanos chamam de *"general purpose technologies"*, o que se traduz como tecnologias multiuso. Trata-se de tecnologias que têm impacto não apenas no seu setor de origem, mas no conjunto da economia. É o caso da máquina a vapor, da eletricidade, da informática, das nanotecnologias. Além dos efeitos maciços de destruição criadora que elas ocasionam, possuem outra característica perturbadora: le-

> vam muito tempo para produzir efeitos mais positivos e visíveis. Quando são introduzidas, o grande público não compreende sua importância. Somente após vários decênios é que seus campos de aplicação se tornam evidentes. É então que essas tecnologias geram inovações secundárias, novos empregos e salários mais altos. Fala-se, então, de "síntese inovadora" [...].

É isso mesmo, a síntese inovadora é um "momento mágico", como diz Bouzou, a abertura de uma era de progresso incontestável, mas, para uma opinião pública que vive forçosamente no curto prazo, que não conhece nem compreende a priori os aspectos técnicos da inovação, forçosamente a natureza eventual de suas consequências em matéria de saúde, padrão de vida, emprego, e até mesmo de liberdade, o novo aparece inicialmente apenas sob seus aspectos negativos: desestruturação permanente do corpo social, flexibilidade inquietante, desemprego aumentado, desigualdades e reconversões difíceis, logo, valorização dos diplomas e das qualificações de ponta etc. — por isso, inevitavelmente, a inovação parece, num primeiro momento, pelo menos, muito mais destruidora do que criadora.

Nos anos que estão por vir, como mostra Bouzou, são várias as mutações tecnológicas gigantescas que se delineiam. A bem dizer, elas já estão a caminho, mas nós não as distinguimos bem, pois ainda não percebemos para o que elas vão servir. Suas consequências serão, contudo, colossais, tanto no plano econômico como na nossa vida cotidiana: trata-se inicialmente das nanotecnologias e das biotecnologias que vão alterar nossa abordagem da doença e da morte, e também da informática e das ciências cognitivas. Diante das mutações tecnológicas, que no início, pelos motivos que acabamos de citar, terão impactos negativos no plano social, duas atitudes se esboçam: a dos teóricos do "decrescimento" e, de modo mais geral, de todos os que desejarão conservar as estruturas passadas — as "vantagens adquiridas" — e que serão varridos pela história; a da adaptação às novas lógicas, a única coisa que nos permitirá aproveitar tudo isso e viver melhor, mais livres e por mais tempo, mas que exigirá esforços consideráveis e que também produzirá — para alguns, para aqueles que serão deixados de lado — efeitos perfeitamente desesperadores.

É por isso que se trata, afinal, de compreender que o que vivemos não é uma simples "crise" momentânea, mas uma revolução permanente que abre perspectivas sem dúvida entusiasmantes para aqueles que "ganharão", porém infinitamente angustiantes para os outros, para aqueles que ficarão presos ao seu pequeno espaço de vida, a seu feudo, a sua vida no interior ou a suas situações em vias de extinção, e que, podemos e devemos compreender, só percebem os efeitos deletérios do capitalismo em suas existências perturbadas.

Inovação destruidora e nonsense

O "desapossamento democrático" e o crescimento da impotência pública

É preciso, contudo, avançar ainda mais na análise dos efeitos contrastantes — indissoluvelmente positivos e negativos — do incessante processo de inovação: pois este não é apenas desestabilizador no plano econômico e social para toda uma parte da população, mas também possui, num plano filosófico e moral, uma particularidade temível; a saber, ele é, por natureza, desprovido de sentido.

No mundo capitalista, de fato, a história mundial, a *Weltgeschichte* de que falavam Hegel e Marx, não avança mais guiada e por assim dizer "aspirada" pela representação de um fim, de um grande desígnio, como ainda se podia pensar ou pelo menos esperar, no tempo das Luzes, da Revolução Francesa ou ainda da Terceira República, *mas nós avançamos irreprimivelmente levados pela lógica anônima, mecânica, automática e cega da inovação pela inovação.* Para o empreendedor que deve se adaptar sem descanso a uma concorrência agora mundial, a inovação alucinada não é uma perspectiva cheia de sentido, um grandioso projeto de civilização, mas um caderno de encargos, uma necessidade absoluta, um imperativo vital. Assim como uma espécie animal que não se adapta é "selecionada" no mundo de Darwin, uma empresa que não inova continuamente é destinada a desaparecer, a ser engolida pelo vizinho.

Não se trata mais de visar a liberdade e a felicidade, de trabalhar para o progresso humano, como um filósofo do século XVIII ainda poderia acreditar, mas simplesmente de sobreviver, de lutar e de "ganhar" num mundo de competição que se tornou feroz. Sem ser imoral, o capitalismo, pelo menos no estado quimicamente puro e não se levando em conta os corretivos que o Estado assistencial contém, é perfeitamente amoral, pois intrinsecamente desprovido de sentido. Quem pode acreditar seriamente que seremos mais livres e mais felizes porque disporemos de uma nova versão de smartphone em seis meses? Ninguém, porém nós todos o compraremos. É esse o mundo no qual entramos.

Como já disse, isso não significa em absoluto que esse universo seja ruim, que ele não traga para nossas vidas alguns progressos infinitamente preciosos, os mesmos que evoquei acima. Ao contrário, e insisto ainda deliberadamente para evitar um mal-entendido desagradável, ele nos permite viver melhor, por mais tempo, envelhecer com melhor saúde e em condições incomparavelmente mais suaves do que eram nos tempos antigos ou que ainda são nos países que ficaram à margem da história do capitalismo. Quem pode negar que hoje vivemos infinitamente melhor em Paris e em Berlim do que na Síria ou na África Central? Acontece que a lógica da inovação pela inovação é verdadeiramente insensata, desprovida de qualquer significado.

Aqui vão os motivos.

Para quem quer que reflita a respeito, parecerá que a principal característica da história mundial hoje é que não sabemos nem que mundo nós construímos, nem por que o fazemos. Por razões estruturais, essenciais e de modo algum insignificantes, o mundo perdeu o sentido que ainda podíamos lhe atribuir, com ou sem razão, ao longo da história da república — digamos, até os anos 1980, durante os quais, de resto, de modo significativo, assistimos ao surgimento da própria palavra "globalização": os motores que regem o mundo são agora em número infinito; são milhões de empresas, de laboratórios, de universidades, de produtos culturais que competem entre si, para formar como que confluentes, vetores cujo resultante — o rio único da história — é totalmente imprevisível a priori. Por isso ninguém antecipou os grandes acontecimentos da segunda metade do século XX, nem a queda do Império Soviético, nem o crescimento do islamismo integrista, nem mesmo a crise dos subprimes, ou das revoluções que sacudiram o mundo árabe.

À ausência de sentido da história, ao seu caráter estruturalmente imprevisível e opaco, acrescenta-se ainda outro efeito inquietante, também intrinsecamente inerente à lógica mais essencial do capitalismo moderno, a saber, o fato de que, no seio da globalização, as alavancas das políticas nacionais não levantam praticamente mais nada. Pensar que o crescimento depende do Ministério da Fazenda é risível, e isso por uma razão fundamental: nossas políticas permaneceram estado-nacionais enquanto o mercado se tornou mundial, de modo que, insisto, as alavancas das políticas tradicionais giram, na maior parte do tempo, no vazio. Daí o descrédito no qual pelo menos boa parte das políticas nacionais (diferentemente das políticas locais, por exemplo as dos prefeitos das grandes cidades) tem caído atualmente. Não que nossos líderes sejam estúpidos ou corruptos — alguns o são, sem dúvida, mas não em sua maioria. Em compensação — e é isso que é tão incompreensível quanto desesperador para a maioria de nossos concidadãos —, vivemos o inexorável crescimento da impotência pública.

Entre uma globalização que torna os modos de governança nacionais cada vez mais inoperantes e uma midiatização assustadora — porque ela também está ligada à lógica da audiência, quer dizer, novamente à da inovação pela inovação —, nossos políticos são reduzidos à ração essencial mínima. Está longe o tempo em que o general De Gaulle podia pensar que uma "comissão de planejamento" permitiria elaborar uma política exclusivamente nacional destinada a reconstruir a França do pós-guerra. É certamente também nesse contexto que precisamos compreender o relativo sucesso dos discursos protecionistas, bem como as diversas formas de soberania que em geral lhes são associadas, tanto pela extrema direita como pela extrema esquerda: diante da crescente impotência das políticas públicas no seio da globalização, diante da concorrência "desleal" dos BRICS, a tentação de voltar a um Estado-nação soberano, por mais absurda que ela seja quando refletimos a respeito, possui uma aparência de bom senso que funciona muito naturalmente como um atrativo para uma parte não desprezível do grande público.

Paradoxalmente, é tomando o desvio das instituições supranacionais — para nós, as da Europa — que poderíamos oferecer novamente às políticas nacionais algumas margens de manobra. Em outros termos, é porque eu sou a favor da soberania que sou pró-europeu e até mesmo, em alguns pontos, federalista, o que não significa, evidentemente, que o estado atual da União Europeia me pareça satisfatório, longe disso. Voltarei a essa questão mais adiante.

Mas desde já está claro, de acordo com o que acabamos de ver, que o capitalismo globalizado — para além dos efeitos puramente econômicos e sociais da inovação destruidora — nos propõe, no plano propriamente filosófico, duas questões cruciais: a do poder e a do sentido, ou, para formulá-las de modo ainda mais explícito: *Como retomar o controle sobre o desenvolvimento de um mundo que, por ser agora globalizado, nos escapa cada dia mais? Para fazer o quê, para criar que projeto, que grande desígnio?* Tentarei trazer alguns elementos como resposta para essas duas perguntas no último capítulo deste livro. Por ora, precisamos continuar a análise da lógica da inovação destruidora, uma lógica decididamente cheia daquilo que os músicos chamariam de "harmônicas", carregadas de múltiplas ramificações.

Para um "schumpeterismo" generalizado

A inovação destruidora fora da esfera econômica

Se quisermos compreender a verdadeira raiz das resistências que a inovação suscita (e é uma necessidade se quisermos nos empenhar para suprimi-las), precisamos então aprofundar ainda mais a compreensão de seus efeitos desestruturantes fora da esfera econômica e social. Podemos e devemos hoje completar e generalizar a noção schumpeteriana de "destruição criadora" para bem capturar-lhe o alcance desestabilizante, até mesmo negativo, e compreender por aí mesmo que as resistências à mudança são de natureza infinitamente mais profunda e mais complexa do que se pensa habitualmente.

Inicialmente, no nível semântico: por todos os motivos que acabo de evocar, já compreenderemos por que prefiro falar de "inovação destruidora" e não de "destruição criadora". Deixar o iPhone 4 cair na água raramente dá origem ao iPhone 5; em compensação, a invenção do iPhone 5 torna pouco a pouco o iPhone 4 ultrapassado! A afirmação parecerá trivial, para não dizer francamente tola, mas tem o mérito de insistir no aspecto intrinsecamente destruidor da lógica da inovação pela inovação. Compreender isso é essencial para que se possa perceber não só que esse princípio fundamental do capitalismo não se restringe apenas ao campo da economia, mas também por que e como ele se estende a partir de agora a todos os setores da vida moderna.

A começar pelos *costumes e até mesmo a vida moral*. Para tomar apenas um exemplo, a ideia de que um país como a França possa abrir um debate público não apenas no Parlamento, mas na nação inteira, sobre um assunto tão pouco "tradicional" como o casamento gay teria sido simplesmente inimaginável para meus avós. Para eles estaria totalmente fora de questão, eles teriam acreditado ser uma brincadeira de 1º de abril. Pouco importa aqui que eu seja a favor ou contra essa união — acontece que sou favorável, mas isso não faz diferença no que digo. De qualquer modo, cada um deve reconhecer que se trata de uma "inovação" literalmente impensável há cinquenta anos apenas, e portanto uma inovação profundamente "destruidora" aos olhos daqueles concidadãos que estão ligados — afinal é direito deles — às visões morais e religiosas tradicionais. Numa situação diferente, teria sido sem dúvida também impensável no mundo de meus avós que uma mulher pudesse ser almirante na Marinha francesa e comandar um torpedeiro, ou que ela pudesse se encontrar à frente de uma esquadrilha de caças!

Se generalizarmos a afirmação, será necessário dizer que vivemos, desde o século XIX — quer dizer, desde o início do capitalismo moderno na Europa —, uma desconstrução dos valores e das autoridades tradicionais como nunca antes na história da humanidade. Vimos desaparecerem pouco a pouco todos os fundamentos da cultura "clássica", aquela que se ensinava na escola: a figuração na pintura, a tonalidade na música, as regras tradicionais do romance, do teatro, da dança, e até mesmo do cinema, sem falar do projeto de 1968 de acabar com as diferentes faces da "moral burguesa", fossem elas religiosas ou laicas.

E não apenas a esfera da alta cultura foi objeto de inovações e destruições alucinantes, mas também as da ciência, do consumo e dos modos de vida cotidianos. Para me limitar a poucos exemplos, mas muito ilustrativos, lembrarei apenas que a descoberta da estrutura em dupla hélice do DNA por Watson e Crick data somente dos anos 1950 — o que significa que um médico da minha idade praticamente não aprendeu a genética moderna na universidade. Em outro registro, a França da minha infância contava com aproximadamente 6 milhões de camponeses. Hoje, restam apenas 312 mil propriedades agrícolas, e o trabalho rural mudou tão profundamente, que alguns historiadores contemporâneos não hesitam mais em falar do "fim do campesinato". Isso não perturba apenas a paisagem natural de um país, mas também sua paisagem cultural, moral e política.

Paralelamente, nosso continente capitalista viveu outra revolução, a das mulheres, cujas condições sociais e políticas mudaram mais em cinquenta do que em quinhentos anos. Podemos considerar que não seja suficiente, que a igualdade salarial ainda não alcança a meta. Não deixa de ser verdade que, aos olhos da história, a emancipação do "segundo sexo" é um dos aspectos mais inovadores e dos mais jubilosos da segunda metade do século XX — o que mostra, por alto, se ainda fosse necessário, como a inovação destruidora possui evidentemente lados positivos. Somente uma data, para servir como marca: num país tão democrático como a Suíça, portanto no coração da Europa, foi somente no dia 28 de abril de 1991 que as mulheres do cantão de Appenzell conseguiram obter o direito ao voto! Quando digo isso às minhas filhas, elas me olham engraçado, como se tivessem a impressão de que o pai delas viveu num mundo que não é o delas, como se eu tivesse saído de *Jurassic Park* ou dos *Flintstones*...

Talvez se possa contra-argumentar que essas evoluções, notadamente a que toca a emancipação das mulheres, não são consequência do capitalismo, mas, ao contrário, de movimentos sociais, sindicais e políticos profundamente anticapitalistas. Voltarei a essa objeção que, evidentemente, devo levar em consideração tanto quanto ela me parece evidente. Mostrarei adiante — porém com mais profundidade — como os movimentos boêmios, inclusive Maio de 1968, conquanto quisessem ser inicialmente e antes de tudo "antiburgueses", realizaram na verdade — sem saber, ou querer — os desígnios mais profundos do capitalismo moderno, abrindo a via ao mundo do hedonismo e do hiperconsumo. Contudo, podemos compreender desde já, sem sermos exageradamente "economicistas", marxistas ou schumpeterianos, que todas essas revoluções na cultura e também nos costumes são — se não o reflexo do capitalismo (sua "superestrutura", diria Marx) — pelo menos o reflexo de tendências pesadas que são rigorosamente inseparáveis da lógica da inovação destruidora —

por isso elas só se manifestaram em democracias liberais, e em nenhum outro lugar.

Como apontei, essas democracias são os únicos regimes políticos conhecidos até o dia de hoje que não apenas autorizaram, mas até mesmo favoreceram a emergência de correntes sindicais ou políticas com a finalidade última de derrubar essas mesmas democracias! Portanto, não nego nem um pouco a contribuição dos movimentos "revolucionários", notadamente desde o anarcossindicalismo, para o progresso social. Digo apenas, mesmo que seja um paradoxo, que sua ação era possível apenas no seio de democracias liberais, elas mesmas inseparáveis da lógica inovadora e racionalista que caracteriza mais profundamente o desenvolvimento do capitalismo.

Assim, todas as esferas da vida humana são atingidas por essa onda de choque, começando pela da *informação*, em que, por efeito de substituição, todas as manhãs o jornal da véspera — para parodiar uma expressão de Péguy — fica "mais velho que Homero".

A BFMização da informação

A tirania da audiência

É evidente, hoje, que os canais de informação contínua perturbam o universo da imprensa tradicional — o que se chama, às vezes de "BFMização" do mundo, a partir do nome do melhor e mais poderoso canal de informação francês, BFM. O simples fato de recebermos, de hora em hora em nossos smartphones, informações brutas muda profundamente a relação de forças em toda a imprensa, começando, evidentemente, pela imprensa escrita. O jornal diário deve se reinventar permanentemente. Sua antiga função, que consistia mais ou menos em oferecer os fatos importantes, deixando para as revistas a tarefa de "aprofundar" com "artigos de fundo", comentários mais ricos e mais teóricos, tornou-se obsoleta por causa das novas mídias hiper-rápidas. De agora em diante cabe ao jornal diário ir mais longe que o smartphone, o que também obriga as revistas a inovar, e perturba a cadeia de informação em seu conjunto.

A imprensa se mostra como é, ou seja, empresas privadas como as outras, submetidas, também, ao destino comum da competição geral, logo, à mesma lógica da inovação destruidora como qualquer outra empresa. Os jornalistas conscienciosos são suas primeiras vítimas, aqueles que compreendem cada dia mais o quanto, sem o suporte da arrecadação da publicidade, logo, sem performances "de grande audiência" convenientes, eles são fragilizados e até mesmo simplesmente destinados ao desaparecimento em proveito de apresentadores cada vez mais jovens, inovadores e divertidos, mas às vezes, também, cada vez mais farsescos e demagogos, em detrimento da qualidade da mensagem.

Como muitos outros, sem dúvida, eu acreditei durante muito tempo — sem refletir seriamente na questão — que a lógica da audiência não era senão uma fraqueza da sociedade midiática, defeito de um universo televisual narcísico marcado por ondas de demagogia que se poderia ter corrigido facilmente. Como muitos outros também, eu me tranquilizei, dizendo que bastaria, sem dúvida, um "esforço moral", um pouco de rigor intelectual, para conter esses "desvios" os quais nosso espírito crítico nos faria aos poucos perceber.

Hoje, avalio o quanto esse diagnóstico era preguiçoso e superficial. Sei que a lógica da audiência não é um *desvio contingente* num *setor particular* da sociedade moderna, mas sim sua mais essencial ruptura, a da competição globalizada na qual hoje estamos todos embarcados. Correlativamente, adquiri a certeza de que as respostas "morais" que, a bem dizer, são em geral não mais que respostas "moralizantes" ou "moralizadoras", estão a anos-luz do nível do problema proposto. Porque o índice da audiência, com a busca permanente dos financiamentos publicitários que inevitavelmente o acompanha, não é um fenômeno de superfície, mas a essência mais íntima da globalização moderna cujos dois traços dominantes são a competição e, consequentemente, a inovação destruidora. Daí, para todo órgão de imprensa — inclusive, apesar da aparência, no que resta do serviço público — a necessidade imperativa de se apoiar tanto quanto possível no que Tocqueville chamava de "paixões democráticas", quer dizer, as paixões mais comuns, logo, evidentemente, também as mais rentáveis em termos de audiência.

Os progressivos encaminhamentos da imprensa para as paixões democráticas

Maquiavel, como mostrou Claude Lefort, foi sem dúvida o primeiro grande teórico desse tipo de paixões — por isso foi um dos pais fundadores do pensamento político moderno e, mesmo que pareça paradoxal, um dos primeiros grandes teóricos da democracia. Ele sugeria ao Príncipe de assentar seu poder, não no Exército, na polícia, ou nos ricos — essa gente sempre pode traí-lo —, mas nas paixões mais comuns e, consequentemente, nas mais fortes, ou seja, naquelas comumente encontradas no povo. Hobbes retomará a ideia, fundamentando o poder de seu Leviatã em uma delas, a saber, o medo. Mas é Tocqueville quem aprofundará a análise dessas paixões "democráticas", porque elas são, no sentido etimológico do termo, as mais ordinárias e as mais divulgadas.

Como o Príncipe a quem se dirige Maquiavel, o diretor de um canal, de um jornal, ou o apresentador do *20 heures** também tem todo o interesse — se quiser ter cotas no mercado — em se apoiar sempre que possível nas paixões dessa natureza.

Ora, visto que os tempos mudaram desde a época dos pais fundadores da filosofia política moderna, temos de fazer nova análise, retomar a ideia deles, sem dúvida, mas aprofundar a reflexão. Se a filosofia, como dizia Hegel, é a "inteligência da épo-

* Noticiário francês exibido pelo canal FranceTV. (N. E.)

ca", se ela é "seu tempo captado no pensamento" (*"ihre Zeit in Gedanken erfasst"*), filosoficamente é de todo pertinente tentar identificar e nomear corretamente as paixões democráticas que atravessam nossas sociedades laicas. Parece-me que existem quatro, e não mais que quatro, sentimentos poderosos que dão o tom dominante nas grandes correntes políticas e, consequentemente, na imprensa.

A *indignação*, para começar, é a mola mais constante de uma extrema esquerda cuja deputação continua muito superior ao número de seus eleitores. Todas as manhãs, é claramente o principal combustível das estações de rádio. Assim que levantamos, somos obrigados a nos indignar com urgência contra esse escândalo, aquele atentado aos bons costumes, à dignidade humana, uma determinada frase, ou um determinado desvio de verba. E o pior é que, todas as manhãs, cedemos sem pensar a essa permanente solicitação. O *medo*, em seguida, que é o fundo de comércio corrente da ecologia política, como comprovam os filmes sobre catástrofes ambientais que nos infligem ininterruptamente. Ele pode alimentar excelentes reportagens ou bons editoriais. Logo em seguida vem o *ciúme* (ou a inveja), que é, se não o apanágio, pelo menos o primeiro alimento de uma esquerda dita "moderada", a que "não gosta dos ricos" [...], mas sonha mesmo assim em fazer parte deles. Herdeira de certo catolicismo social, ela considera que o escândalo não é a pobreza, mas a riqueza (a dos outros, é claro) — sem compreender, como já dizia Aristóteles, que o verdadeiro inimigo é a miséria, e que é melhor ser rico para ser generoso. Aí se toca num assunto quase que universal. Finalmente, a mais poderosa de todas as paixões continua sendo a *cólera.* Em oposição a uma análise absurda, embora repetida até a saciedade pela esquerda bem-pensante e pela direita mole, é ela, e de modo algum o medo, que incita a Frente Nacional. Basta observar os líderes de extrema direita para ver que eles são tudo, salvo medrosos. Ao contrário, eles manifestam em qualquer circunstância verdadeira coragem, começando pela que consiste em se fazer detestar pela grande maioria de seus concidadãos. Prontos para enfrentar os mais violentos e dolorosos debates, os líderes da Frente não têm nem vergonha, nem covardia de espécie alguma. Em compensação, a cólera ferve neles como se o fogo que os anima ardesse dia e noite. O mesmo acontece com seus eleitores que uma determinada imprensa pode acariciar agradavelmente. Exasperados com a pequena e média delinquência, pelas incivilidades que se desenvolvem com toda a impunidade, eles se revoltam, não sem razão, de resto, contra a atmosfera de indolência e de laxismo generalizado.

Objetarão — de forma acertada — que essa tipologia é excessivamente rígida, já que essas paixões se misturam e se entrecruzam. Por exemplo, os partidários da direita são tão indignados quanto os da esquerda, estes sendo tão coléricos quanto seus confrades do outro extremo, com os quais eles, aliás, se parecem a ponto de se confundirem. É absolutamente verdadeiro, mas eu me limito aqui a selecionar traços dominantes, não exclusivos.

No contexto de decadência depressiva que caracteriza a França de hoje, é crucial que o Estado se recomponha. Porque quando ele decai, e ainda aí a análise tocquevilleana é preciosa, as paixões mais comuns e as mais funestas tomam conta da sociedade civil. Na verdade, para que serve o Estado? Não apenas para conduzir uma política em princípio orientada para o interesse geral, mas também, e talvez mesmo antes de tudo, para oferecer um lugar em que o corpo social faça uma representação de seu futuro e, por assim dizer, se conscientize de si mesmo. Ele é para a nação um pouco como o equivalente do cérebro para o corpo humano, o espaço da consciência de si. Quando ele deixa de ser crível, quando não é nem amado, nem mesmo detestado, mas desprezado, olhado como insípido, incolor e inodoro, então é a tentação da desobediência civil que se instaura: manifestantes que quebram sem pudor os bens públicos, cidadãos que fogem do imposto, prefeitos que não querem mais aplicar a lei, como se as decisões do poder legislativo pudessem a partir de agora ser escolhidas à la carte; em resumo, é a república, a *res publica*, que se abre aos maus ventos. Ora, quem poderia afirmar que a imprensa não teria um papel nisso tudo, pelo menos se ela não fosse literalmente aspirada, devorada pela lógica da inovação destruidora e da permanente inovação pela inovação?

De modo mais abrangente, é na *moda*, em todas as suas formas, uma moda que as sociedades tradicionais ignoram solenemente, que melhor se manifestam os efeitos do capitalismo globalizado. Como demonstrou Gilles Lipovetsky num livro agora clássico, *O império do efêmero*, apenas as democracias liberais inscreveram até na vestimenta a lógica da inovação permanente, da ruptura incessante com o passado, com o "démodé". Durante séculos e séculos, o sári indiano, o quimono japonês ou a toga dos romanos permanecem praticamente imutáveis, enquanto nossas vestimentas, e também nossas televisões, nossos carros, o interior de nossas casas, em suma, todos os objetos que nos cercam, bem como todos os modos de viver que lhes são associados, mudam insensivelmente de ano a ano. Basta rever os filmes dos anos 1970, com o imenso colarinho das camisas, os jeans boca de sino e as longas costeletas dos rapazes, para medir até que ponto, também aí, uma coisa substituiu a outra segundo uma lógica que Schumpeter não teria renegado.

Dessublimação repressiva

Três consequências da inovação destruidora

A inovação — como já pensavam no Século das Luzes os grandes pensadores como Rousseau ou Ferguson — comprova as mil facetas do gênio humano, sua criatividade, sua "perfectibilidade". Ela nos torna mais livres na expressão das opiniões, na circulação das pessoas, no direito à crítica em todos os sentidos. Ela também melhora continuamente a longevidade e a qualidade de nossas vidas. Todos nós ouvimos falar em nossas famílias de parentes próximos levados, no século passado, por doenças mortais que atualmente tratamos com tanta facilidade quanto um resfriado ou uma dor de cabeça. Por isso, além mesmo das que citamos, a inovação engendra ainda três consequências equívocas, profundamente desestabilizadoras para uma fração da população das democracias liberais.

Inicialmente, como diz Schumpeter sobre uma fórmula que aparece mais de uma vez em sua escrita, a lógica da "destruição criadora" leva, por natureza, a destronar "os reis e os papas", em outras palavras, a desconstruir pela raiz as tradições aristocráticas e religiosas — o que explica de resto a hostilidade secular da Igreja contra o capitalismo tanto, ou mais, que contra o socialismo. O discurso do papa Francisco contra os ricos, o mundo do dinheiro e da finança o comprova, ainda em nossos dias; mas para quem quiser ir mais longe, basta ler as passagens que o *Catecismo* oficial do Vaticano dedica às sociedades capitalistas para se convencer disso.

Quando se é ateu e democrata, quando se vê no declínio das religiões e na secularização do mundo, com Voltaire, Freud ou Nietzsche, uma tendência à emancipação da humanidade em relação às ilusões metafísicas, pode-se, evidentemente, alegrar-se com isso. Pode-se pensar que a "morte de Deus" e o "desencanto do mundo" vão finalmente retirar os obstáculos que nos impediam de alcançar uma vida mais livre e mais intensa. A sacralização do indivíduo, o espírito crítico e a liberdade de realização aí encontrarão sua realização e, afinal, não é pouco. Acontece que essa erosão dos valores e das autoridades tradicionais, por mais salutar que possa parecer aos olhos dos modernos, não deixa de levar à explosão dos esquemas de comportamento, rígidos e penosos, sem dúvida, mas que, justamente por esse motivo, possuíam múltiplas virtudes em termos de vida comum, de civilidade e de educação. Ao destruir as "maneiras" tradicionais, desestabilizando permanentemente uma sociedade semelhante a uma prancha de surfe em perpétuo desequilíbrio sobre a onda, o capitalismo engendra efeitos tão imprevistos em matéria de civilidade quanto difíceis de avaliar no longo prazo.

O "progressista" de 1968 se alegrará com isso, mas seria, contudo, bem ingênuo negar os efeitos formidavelmente desestruturantes de uma sociedade cujas incessantes inovações em matéria de costumes acabam provocando vertigem em todas as categorias sociais que de algum modo estavam ligadas ao que se convencionou chamar de "raízes", quer se trate da identidade nacional, hoje indissoluvelmente aviltada e conspurcada, ou das tradições locais. Somente o turismo parece ainda salvá-las, porém, evidentemente, a custo de total ilusão de perspectiva. A realidade é que a reciclagem das tradições provincianas na lógica turística do consumo muda-lhe radicalmente a natureza e o sentido. Hoje, na Europa, abre-se um museu por dia, mas não nos deixemos enganar: a pretexto de relembrar costumes ancestrais, o museu do crepe, que recebe milhares de visitantes todos os anos, apenas os soterra num passado para sempre acabado, integrando-os ao ciclo moderno do consumo e do comércio.

Como explicar, sem fazer a balança pender mais de um lado que de outro, que podemos ser — tal como eu, por reflexão, por raciocínio, mas também por convicção profunda — interessados na inovação e no progresso, e ao mesmo tempo sensível ao que ele aniquila e nos faz irremediavelmente perder? Comumente, no debate público, somos instados a escolher um lado, a optar por uma das faces da moeda. Para ser ouvido, é necessário ser "progressista", ou "declinólogo"; otimista, ou pessimista; admirador, ou denigridor da modernidade. Mas como, salvo tornando-se imbecil, não ser os dois?

É nisso que reside todo o sentido deste pequeno livro, escrito, antes de tudo, para chamar a atenção do leitor para a urgente necessidade de compreender a equivocidade constitutiva do universo moderno a fim de provocar uma reflexão sobre o que conviria fazer, notadamente em matéria de educação, para preservar as aquisições do progresso, sem pagar, em excesso, um preço inequivocamente cada vez maior. É possível ser ouvido quando — para além dos discursos dos chorões ou dos deslumbrados, discursos cuja única força reside na escolha dogmática — sugerimos refletir com sutileza sobre a natureza íntima do mundo no qual estamos mergulhados?

Uma segunda consequência da lógica da inovação destruidora é justamente proibir a sutileza num mundo intelectual e moral que doravante se parece com um campo de batalha. Porque o capitalismo, como já havia compreendido Max Weber — de quem Schumpeter era, nesse ponto, muito próximo —, se caracteriza, antes de tudo, pela busca do lucro por todos os meios, e de forma efetiva por uma busca *racional* do lucro. Com efeito, há muitos modos de "fazer dinheiro", desde o roubo até a prostituição, passando pelas trocas desiguais. A marca do capitalismo é a racionalidade. Continuamente ele se esforça para racionalizar a produção, organizá-la melhor, de modo rentável, mais "econômico", e é nessa busca que ele opera de forma constante também à procura de inovações rentáveis. Donde o fato de que ele engendra, sem querer, mas tampouco sem poder evitá-lo — pois seria renunciar simultaneamente a seus fundamentos mais preciosos e mais essenciais — um universo novo, o dos intelectuais críticos, inevitavelmente críticos, cuja vocação primeira, como no *Fausto* de Goethe, é encarnar o espírito de Mefisto, "aquele que sempre nega" ("*der Geist der stets verneint*").

Como eu já havia sugerido — agora deixando mais compreensível —, o capitalismo produz como seu duplo político o único regime, o da democracia liberal, que autoriza sua própria denúncia, sob todas as formas possíveis e imagináveis, desde as contrarrevolucionárias mais reacionárias até as mais radicais anticapitalistas de esquerda. É assim que ainda se encontram na França intelectuais monarquistas, lado a lado com seus colegas maoistas, sem que os poderes públicos tenham algo a criticar. Nenhum partido político é censurado, salvo se incitar o ódio racial — e, mesmo assim, não em todos os países capitalistas, dos quais alguns, como os Estados Unidos, autorizam a publicação de todas as opiniões, inclusive as mais detestáveis, em nome da liberdade de expressão reconhecida pela primeira emenda.

Que os intelectuais sejam de alto nível universitário, ou que pertençam ao que no final do século XVIII se chamava de "boemia literária", "escrevinhadores" e "jornalistinhas", eles têm em comum o fato de ocuparem uma posição social por natureza desconectada das realidades econômicas e políticas. Não estando presos a responsabilidade de espécie alguma, a não ser a si mesmos e a seus leitores, eles não têm nada, ou pelo menos não têm muito a perder com a derrocada do capitalismo que, em sua maioria, eles não deixaram de desejar ao longo de todo o século XX: com raras exceções, da qual Aron foi o símbolo, se não o representante singular, os melhores intelectuais do século passado se engajaram ou nas fileiras do marxismo mais dogmático, ou nas do fascismo e do nazismo. É inútil citar nomes, tão grande seria a lista.

É por isso que Schumpeter, desde o final dos anos 1920, estava convencido de que o capitalismo acabaria por se autodestruir, e de modo algum pelas razões que Marx tinha anunciado — de modo geral, uma luta de classes exasperada pela pauperização das massas —, mas, ao contrário, porque seu sucesso econômico e social seria insuportável para a casta dos intelectuais cuja missão não encontraria limite algum. Eis o que ele escrevia a esse respeito já em 1928, em um pequeno artigo intitulado "The Instability of Capitalism" [A instabilidade do capitalismo]:*

> O capitalismo, se permanecer estável economicamente, e até mesmo se ainda conseguir estabilidade, cria — estimulando o espírito humano à racionalização — uma menta-

* Ver o comentário feito por Jean-Claude Casanova no excelente prefácio que ele dedica à edição de *Capitalisme, socialisme et démocratie* [Capitalismo, socialismo, democracia], Payot, 1990.

> lidade e um estilo de vida incompatíveis com suas próprias condições fundamentais, com suas motivações profundas e as instituições sociais necessárias à própria sobrevivência. Ele será transformado — não pela necessidade econômica e à custa, segundo todas as probabilidades, de alguns sacrifícios em termos de prosperidade e de bem-estar — numa entidade diferente que se poderá ou não batizar de socialismo, caso seja do gosto e se queira aceitar esse vocabulário.

Em outros termos, a humanidade perderá, certamente, em prosperidade e em qualidade de vida se abolirmos o capitalismo, mas essa abolição, por mais nefasta que seja em termos de riqueza e de bem-estar, não deixa de estar programada pela própria natureza do espírito crítico que os princípios mais essenciais de nossas sociedades, a liberdade e a razão, engendram inelutavelmente na corporação dos clérigos. É a mesma conclusão de Marx, portanto, sobre a morte programada das sociedades liberais, mas pelas razões inversas.

Porque a história não acabou, eu deixarei aqui de lado a pergunta sobre se Schumpeter enganou-se ou não quanto ao prognóstico. A derrocada do comunismo, que, evidentemente, ele não poderia prever em seu tempo, mudou de forma radical o jogo: não foi o capitalismo que ganhou, mas o comunismo que implodiu, de modo que, a partir daí, privada de qualquer modelo de referência (a não ser alguns doidos particularmente senis, ninguém mais na Europa faz da China de Mao um ideal), a casta dos intelectuais foi obrigada, mesmo contra a vontade, a voltar ao curral, à espera de que uma nova utopia se delineie no horizonte. O número de ex-esquerdistas, geralmente maoistas, que votaram em Nicolas Sarkozy nas últimas eleições é, desse ponto de vista, tão cômico quanto impressionante — aqui também, por caridade, abstemo-nos de citar nomes...

As previsões de Schumpeter sobre o fim do capitalismo parecem, portanto, desmentidas pelo curso real das coisas. Nem por isso está provado que a história não possa um dia caminhar, apesar de tudo, no rumo que ele previa: o fim dos empreendedores, substituídos pelos gerenciadores, por equipes de "funcionários do capitalismo" que o farão passar gradualmente para uma forma inédita de socialismo democrático.* Repetindo, porém,

---

* Jean-Claude Casanova, um dos melhores leitores de Schumpeter, disse numa excelente formulação que Schumpeter "criticou Marx, admirando-o, enterrou o capitalismo, lamentando-o, aceitou o socialismo, desprezando-o, e admitiu a democracia, com saudades da aristocracia" — enfim, um personagem muito tocquevilleano.

deixemos esse debate de lado, por não podermos resolvê-lo adequadamente.

Em compensação, o que é certo é que ainda não esgotamos absolutamente a lógica da inovação destruidora.

Ora, ela possui, no plano moral, *mais uma última consequência.* Sua finalidade, com efeito, como todos compreendem com facilidade, é com certeza o crescimento. Quando se trata de inovar incessantemente, é para vender mais e sempre, em resumo, pôr o negócio para funcionar, por isso é quase uma tautologia: crescimento e consumo são apenas duas faces de uma mesma moeda. Sem crescimento não há inovação, mas também não há crescimento sem que os consumidores o alimentem por meio de suas compras. Ora, é exatamente aí que o círculo se fecha sobre si mesmo.

O caso é tão essencial que peço ao meu leitor que examine atentamente, recorrendo, se necessário, à sua experiência pessoal, à de sua família, à de seus antepassados e à de seus filhos, se tiverem: quanto menos estruturados formos pelos valores e pelas autoridades tradicionais, mais facilmente somos entregues à lógica viciante do consumo, ao que nos anos 1960 se chamava de "dessublimação repressiva". Seria necessário, de fato, que os valores tradicionais, "os dos reis e papas", como diz Schumpeter (mas eu acrescentaria também os dos camponeses de minha infância) fossem desconstruídos pelos modernos (daí a "dessublimação") para que nós, e especialmente nossos filhos, pudéssemos entrar na lógica infinita do hiperconsumo de massa (daí a "repressão"), uma lógica que, em compensação, contribui ainda, e sempre, para desgastar valores tradicionais agora considerados fora de moda, ou mesmo arcaicos. Para dizer as coisas ainda mais simplesmente: quanto mais você guarda no coração e na mente valores tradicionais fortes e estáveis, menos você sente necessidade de, no sábado à tarde, pôr as crianças no banco de trás do carro para ir comprar engenhocas fúteis no supermercado da esquina!

Daí a pergunta que vem completar as duas que já fiz no plano político (a do poder e a do sentido: como recuperar o controle do curso de um mundo que nos escapa e para fazer o quê?). Como, de modo ainda mais abrangente, aproveitar os benefícios da inovação sem pagar um preço excessivo por isso? É concebível um progresso que não seja ao mesmo tempo uma regressão? Por convicção e por otimismo, tenho tendência a responder afirmativamente, mas sob determinadas condições que hoje ainda estão mais em forma de dúvida do que de realidade.

Pelo menos é o que eu gostaria de explorar nos dois capítulos seguintes.

O primeiro será dedicado à arte moderna e contemporânea, uma arte nova que às vezes ilustra com uma simplicidade caricatural a lógica do capitalismo moderno, a da ruptura e da inovação permanentes — uma arte que leva o paradoxo da cultura de hoje até o limite. Apresentando-se facilmente como subversiva, ou mesmo revolucionária, ela encontra eco apenas nas fileiras da burguesia intelectual, ou no mundo industrial mais rico e mais bem "instalado". Definindo-se como marginal, ela só tem admiradores incondicionais no centro por excelência. Não há um só camponês ou operário na Fiac (Feira Internacional de Arte Contemporânea), ou num concerto de Boulez; em compensação, grandes burgueses e "bobos" aos montes. Como compreender, a não ser apelando para a noção de inovação destruidora, a reconciliação final, sob a figura do "bobo", desses irmãos e inimigos que foram ao longo dos dois últimos séculos o boêmio e o burguês?

Em seguida, o que fazer diante das ambiguidades multiformes do progresso? Como fazer para que a civilização europeia, que foi e permanece, a meu ver, genial entre todas no plano cultural e político, porque foi ela que conquistou a autonomia em todos os domínios da vida humana, notadamente no da família, não se afunde irremediavelmente na lógica do desenraizamento universal?

Minha íntima convicção é que, no momento, nós, velhos europeus, não estamos à altura da sorte que temos de viver numa sociedade de liberdade, de autonomia e de proteção social que não se assemelha a nenhuma outra. Por não compreendermos o dinamismo, não nos mostrarmos dignos de suas virtudes mas também suficientemente lúcidos face às dificuldades destruidoras, tenho o pressentimento de que corremos o risco de perder tudo. As civilizações morrem e, tratando-se da nossa, seu desaparecimento seria, em minha opinião, a pior catástrofe que poderíamos imaginar para toda a humanidade.

Donde a urgência de uma reflexão que esteja à altura das perguntas que ela nos propõe.

A arte moderna ou a inovação destruidora em estado quimicamente puro

É, sem dúvida, nesta arte que chamamos de "moderna" e, em seguida "contemporânea", que a lógica capitalista da inovação destruidora atingiu seu apogeu — o que nos permite assim compreender o sucesso paradoxal que ela encontra no mundo burguês e o desinteresse quase generalizado que provoca no que antigamente ainda se chamava de povo, digamos, o mundo operário e camponês. Isso fica comprovado, de modo engraçado, mas altamente significativo, nas histórias recorrentes que contam os infortúnios de uma infeliz doméstica que "limpou" uma banheira imunda, tirou a mesa e esvaziou um cinzeiro cheio de guimbas sem perceber que se tratava de uma "obra-prima" de Daniel Buren, Damien Hirst ou Paul Branca.

O motivo é, contudo, tão simples quanto profundo: no que se representa como a "alta cultura" de hoje, a inovação destruidora revela, como em toda parte, sua dupla face. De um lado, a arte contemporânea deseja ser "desconstrutora", subversiva em relação ao passado, ou mesmo revolucionária já que se dedica à representação permanente da "ruptura" com a tradição. É a vertente dedicada ao que Hegel chamava de "negatividade"; mas do outro, ela se manifesta positiva, inovadora, inventiva, criativa, orientada por inteiro para a abertura de um porvir.

São, evidentemente, as duas faces de uma mesma moeda. A primeira inclina o artista contemporâneo a se apresentar como "boêmio", radical, um anticonformista que se engaja no lado do movimento mais do que no da ordem. A segunda entusiasma o grande capitão da indústria, financista ou banqueiro, que só tem olhos para a criatividade e a audácia, para o que rompe com a rotina e sai do convencional. O burguês nela se reconhece por ser a arte contemporânea, a única, na história da humanidade, que se parece com ele, que lhe devolve a imagem como um espelho, em resumo, que lhe dá razão e confirma sua lógica de empreendedor, de criador em constante mobilidade e, por isso mesmo, de algum modo o insere também no movimento da revolução permanente na qual Marx e Schumpeter viam a essência de seu universo, o capitalismo globalizado.

Se o artista contemporâneo se declara anarquista e nem por isso deixa de sonhar viver como um milionário, seu mecenas ou seu comprador, contudo, se enraíza na elite do mundo liberal. Um empreendedor, mesmo que "preocupado com o social", não deixa de ser um capitalista que se sente lisonjeado de ser acariciado no ponto certo pelos artistas inovadores e subversivos. Estes finalmente lhe dão a sensação elogiosa de não ser um materialista inculto, ávido por lucro, mas um homem inteligente, um amigo das artes e das letras. Finalmente, não lhe desagrada que eles critiquem com palavras seu capitalismo triunfante, desde que esposem nos atos sua lógica mais essencial, a da inovação destruidora. Aí reside a fonte de seus mais deliciosos arrepios.

Artistas de esquerda, compradores de direita

Símbolo entre mil outros: foi graças a Pompidou — seguramente o presidente mais burguês de toda a história da República francesa (o que, na minha escrita, não é de modo algum uma crítica, mas simplesmente uma constatação) — que Picasso, comunista e stalinista de estrita obediência,* é

* Lembro que foi Picasso, se não me engano, a pedido de Pierre Daix (em todo caso foi o que este último me confidenciou num jantar entre amigos), que fez o retrato de Stálin no dia de sua morte no

introduzido no Louvre em vida — o que, salvo erro de minha parte, era, se não uma primeira, pelo menos uma raríssima exceção e uma honra insigne.

Última ilustração tragicômica entre mil outras, mas é bastante significativa essa imagem da reconciliação do burguês e do boêmio na figura tutelar da inovação destruidora: em dezembro de 2013, o diretor da *Sport and Classic Cars*, revista de automóveis de coleção, emocionou-se com o fato de que, por ocasião da última Fiac, Bertrand Lavier, um artista que já construiu uma sólida reputação de "subversão inovadora" ao colocar uma geladeira da marca Brandt sobre pequeno cofre de aparência muito comum, expõe uma Ferrari Dino depois de um acidente, em destaque sobre uma base branca. Sugiro ao meu leitor comprar a revista ou buscar na internet para ter *de visu* uma ideia do desastre: teto amassado, laterais destruídas, para-brisa quebrado, pneus furados, capô deslocado, em resumo, um carro que capotou, como se vê em todos os ferros-velhos do mundo. Nada mais a destacar, nenhum acréscimo, ou efeito estético particular. Ora, Lavier encontra um comprador

---

jornal do PCF — o que provoca um escândalo que confirma minhas observações a respeito da ausência de paixão modernista no mundo operário.

que lhe oferece 250 mil dólares pelo monte de ferragem. Apenas a título de informação: encontra-se o mesmo modelo de Ferrari em perfeito estado por menos de 50 mil dólares. O comprador poderia, então, pelo mesmo preço, obter pelo menos cinco Ferrari Dino cintilantes, mandar alguém destruir uma delas se lhe desse na telha e assumir o volante das outras. Como se pode perceber, aquele que prefere a Ferrari destruída não é nem um operário, nem um camponês. Trata-se de um grande empreendedor, e não é difícil imaginar o que lhe passa pela cabeça: aquele carrão propositalmente destruído simboliza no modo mais grotesco sua lógica pessoal, a da "destruição criadora". E fica todo alegre com isso.

Um pouco surpreso, o redator da revista conta que telefona para um de seus amigos, um leiloeiro. Ele bem que gostaria de compreender através de que estranha alquimia a arte moderna consegue transformar, se não o chumbo em ouro, pelo menos o aço retorcido em dólares. Este explica a Huron, apoiado em referências e palavras eruditas, que Lavier se situa na tradição dadaísta e de Duchamp, dos quais ele ainda amplia os limites da audácia criativa (o que, cem anos depois e com a ajuda do mercado, não tem o mesmo significado e se revela muito menos audacioso…). Como eles, explica nosso leiloeiro, "ele faz tábula rasa dos valores tradicionais da arte, ligados ao esteticismo e ao trabalho". De fato! É evidente: não há, nessa "obra", nem beleza, nem trabalho, nem a menor visão de mundo, apenas, como explica o leiloeiro, uma vontade de "levar a arte ao ridículo". Trata-se de romper com as tradições no estilo do urinol de Duchamp, que já caçoava da sacralização dos museus e da afetação da obra de arte clássica, a que visava a beleza e exigia, apesar de tudo, talento e habilidade.

Ainda aí: no gênero zombaria irrisória, o sucesso é total. O redator-chefe banca, então, o ingênuo. Ele pergunta timidamente se, por acaso, fazendo uma Ferrari capotar, ele também poderia esperar vender uma sucata a peso de ouro. Infelizmente, não, lhe responde o homem da arte, pois é preciso tempo e um controle consumado da comunicação moderna para introduzir seu nome e suas "obras" num mercado de arte cujos arcanos voam longe dos mortais. Boa notícia, apesar de tudo, se não para a história da criação artística, pelo menos para a sobrevivência de algumas Dinos 308 ainda em circulação...

O leiloeiro se sente então obrigado a participar com seu refrão metafísico. Não há obra de arte contemporânea sem um blá-blá-blá sobre "fim de todas as coisas", o "trágico da condição humana", ou o "horizonte do sentido da existência". Por que destruir o coitado do carro? Para "mostrar a finitude dos seres", a "vaidade das posses", a "futilidade do consumismo", para que se compreenda, em suma, que "tudo passa" e que é melhor "passar do ter ao ser". Uau! Heidegger e o Dalai-Lama têm mais é que se comportar! Estamos claramente nas alturas, ladeamos abismos. Que audácia no pensamento! Sem essa obra de um poder inaudito, quem teria ousado aventurar-se em alturas tão vertiginosas? Francamente, com exceção talvez da "dona Maria" — e, mesmo assim, muito talvez —, não vejo quem.

Ao sugerir que uma geladeira pousada sobre um cofre ou um carro que capotou são resultado da impostura, mais do que da arte, não ignoro que vou provocar a condescendência pretensiosa, para não dizer o ódio colérico, dos guardas vermelhos do modernismo. Para ser totalmente franco, não estou nem aí. Já passei da idade de me preocupar com o que vão dizer, de preferir o julgamento arrogante das elites autoproclamadas àquilo em que acredito simplesmente ser correto, de modo que insisto e assino: não vejo na Ferrari amassada por Lavier nenhum dos quatro elementos que constituem uma obra de arte. *Nenhuma verdadeira ino-*

vação, mas a repetição preguiçosa, subvencionada pelo Estado ou pelo mercado, de um gesto não apenas inaugurado há mais de um século, quando Duchamp expôs uma roda de bicicleta, um porta-garrafas ou um urinol no museu, e que, além disso, já foi repetido *ad nauseam* e sob mil formas no menor museu de arte contemporânea; nenhuma habilidade, nem trabalho, nem talento de espécie alguma. O primeiro imbecil que aparece pode pousar uma geladeira sobre um cofre, amassar um carro ou besuntar um piano com betume, sem precisar ter feito Belas-Artes para isso; *nenhuma beleza também*: a Ferrari possuía mais beleza antes do que depois. Por isso os artistas não são aqueles que pensamos. Estão mais para os estilistas geniais de Módena que as estrelas pretensiosas da Fiac. *Por fim, sem nem mesmo falar em gênio, não há o menor embrião de inteligência, nenhuma ideia, nem mesmo um pouco simples*, a não ser a inevitável sequência de clichês constrangedores sobre a "impermanência" e a "vaidade das posses".

Nessa arte "schumpeteriana", capitalista até a raiz dos cabelos, nessa pseudocultura que esposa com tanto de velhacaria quanto de servilismo os movimentos mais previsíveis do mercado, somente o preço impressiona. Ora, contrariamente aos adoradores do bezerro de ouro, isso me deixa impassível. Manet, Ravel ou Verlaine não eram nem vendidos, nem vendedores. Nem por isso suas obras possuíam menos ou mais sentido, originalidade e beleza do que um carro amassado para bancar o interessante.

Muito felizmente, a arte de hoje não se reduz a esse tipo de farsa. Ela é capaz de nos oferecer outras facetas, e estou convencido de que, fora um pequeníssimo círculo de esnobes ou de investidores que não veem na arte senão uma aplicação entre outras, essas tolices não interessam a mais ninguém. O rei está nu, e está mais do que na hora de se vestir. Adiante, voltarei a isso, mas, logo de saída, afirmo que a arte de hoje não se confunde forçosamente — e isso é bom — com o que se chama pomposamente de "arte contemporânea", como se o modernismo estivesse sozinho no mundo, como se fosse absolutamente necessário passar pela humilhação da Fiac para ser carimbado como "artista". Os verdadeiros criadores não chegaram ao ponto de imitar pela milésima vez o dadaísmo ou Duchamp. Eles sempre tentam inovar, certamente, mas não na ordem da zombaria e do nonsense. Ao contrário, eles procuram novas significações, novas figuras da beleza (é, sim, eu faço questão da beleza!), para finalmente romper com a lógica vanguardista da inovação pela inovação, da ruptura pela ruptura, lógica que se tornou tradição a ponto de não trazer mais nada de novo, a não ser a náusea para todos os que amam verdadeiramente a arte e não confundem a cultura com o que o ministério que leva esse nome detém: em geral, a indústria cultural de massa de um lado, ou seja, a sopa popular, e do outro, como para buscar o perdão, uma vanguarda que se esforça desesperadamente para convencer de que ela encarna por si só a "alta cultura" distinta.

Geralmente, aquele que ousa criticar os desvios da arte contemporânea recebe a acusação fácil de ter "ficado no século XIX" e não "compreender" nada da arte de seu tempo, como se — e ainda é uma ideia absurda, que será necessário destruir — o julgamento de gosto fosse da ordem da inteligência ou do conhecimento, como se fosse necessário ter engolido um tratado de harmonia para gostar de um concerto de Ravel, ou de uma obra de Stravinsky (temos aqui, diga-se de passagem, dois bons exemplos de beleza moderna). Do mesmo modo que acho as instalações que acabo de lembrar grotescas, admiro artistas autênticos, tais como Bacon, Kiefer, Richter, Garouste, alguns pintores chineses como Li Chevalier (cujo site eu os aconselho a visitar) e tantos outros. Mas, ao contrário dos farsantes, eles compreenderam que não basta, para criar uma obra, reprisar sem risco, sem talento e sem ideia o gesto desgastado da inovação pela inovação, da ruptura pela ruptura.

Como foi possível chegar a este ponto?

Afirmar que se gosta dos destroços de Ferrari a ponto de pagar por eles mais caro do que por uma nova, ou dizer que neles se vê o sinal da tolice insondável na qual o modernismo acaba de naufragar, no fim das contas, interessa muito pouco. Afinal, cada qual com suas preferências, e, particularmente em matéria de arte, o adágio deve se impor. Sugiro, então, ao meu leitor, que suspenda por um momento os anátemas e julgamentos de valor. Admitamos até que eu adore as geladeiras colocadas sobre cofres, os montes de carvão no Museu de Arte Contemporânea de Bordeaux, os pianos besuntados com betume e os carros desfigurados. Em pensamento, coloco-me no lugar do amador, não da arte contemporânea (pois eu gosto de muitos de seus aspectos), mas desse tipo de obra contemporânea.

Poderíamos pelo menos estar de acordo sobre nossas diferenças, procurar juntos como se chegou a esse ponto. Por que, afinal, o que apaixona o grande burguês, a ponto de fazê-lo desembolsar somas astronômicas, parece absurdo para o homem comum que sonha a vida toda com uma Ferrari e fica indignado com o fato de que alguém possa se divertir destruindo-a por prazer? Por que — como em *Arte*, peça de Yasmina Reza, ou ainda no filme *Os intocáveis* — amigos, apesar de próximos, estão prontos para brigar caso um deles considere sublime um monocromático branco sobre branco, que o outro considera uma impostura idiota?

O triângulo de Kandinsky

Em minha opinião, é Kandinsky, o pai fundador da arte abstrata, e um dos maiores teóricos da arte moderna, que nos dá a chave mais preciosa para compreender esses desvios em seu livro *Do espiritual na arte*.

Para descrever os grandes momentos da vida artística, ele propõe uma metáfora que teria encantado Schumpeter por tanto ilustrar, certamente sem saber ou querer, a lógica capitalista da inovação destruidora. Kandinsky compara a história da arte a um grande triângulo que se desloca no tempo, avançando para o alto, de modo que sua base viria, em algum momento, ocupar o lugar que antes era o do ápice. Este é ocupado por um ser singular, o gênio, que Kandinsky define com dois traços, ambos altamente característicos do individualismo liberal: a capacidade de inovação e de ruptura com a tradição de um lado e, de outro, uma vontade de se libertar das exigências das artes clássicas, da figuração na pintura bem como da tonalidade na música, para representar, não a natureza exterior e objetiva como se fazia no passado, mas a "pura vida interior" de uma subjetividade inteiramente dedicada à criatividade e à abertura ao porvir.

Com frequência se disse, para tentar situar essa definição inovadora da arte em seu contexto, que foi a invenção da fotografia que tornou obsoleta a ideia de que a pintura era obrigada a imitar a natureza. Não acredito nisso. A fotografia, sem dúvida, exerceu um papel, mas apenas marginal. A prova é o fato de que a rejeição do figurativo no campo das artes plásticas corresponde, na música, à da tonalidade; assim como também corresponde, no universo literário do *Nouveau Roman*, à rejeição da cronologia, da intriga, ou da psicologia dos personagens — as cartas trocadas entre Schönberg e Kandinsky insistem ao longo de suas páginas no paralelismo, inegável na opinião deles, entre essas diversas revoluções no mundo da cultura. Ora, não se entende como a invenção da fotografia poderia perturbar de algum modo o campo musical ou literário, os quais, contudo, operam revoluções análogas à dos pintores modernos.

Para compreender a ruptura maior que significa a desconstrução simultânea dos princípios da tonalidade na música, bem como a figuração na pintura ou da "história" no romance, é preciso, acredito, acompanhar o que os próprios Kandinsky e Schönberg dizem a respeito. Afinal, não são eles os mais bem situados, os melhores juízes de sua própria concepção da vida artística?

Retomemos a metáfora do triângulo. Seu ápice é formado apenas por um ponto singular, símbolo de um gênio único, forçosamente solitário — segundo um tema já longamente desenvolvido por Nietzsche (por exemplo, no § 289 de *Além do bem e do mal*). Por que solitário? Porque o triângulo, não esqueçamos, avança no tempo, de modo que o criador que se encontra na ponta está de forma inevitável *adiantado* em relação à sua época, logo, incompreendido por ela — esse é evidentemente o sentido da metáfora da vanguarda à qual Kandinsky se refere continuamente. Para ele, o gênio absoluto das artes plásticas é Picasso; o da música, Schönberg. O primeiro porque rompe definitivamente com a tradição das artes figurativas; o segundo, com a da tonalidade. Abaixo, encontram-se os artistas que, segundo ele, são um pouco menos geniais, um pouco menos inovadores, um pouco menos "subjetivos": Debussy de um lado, Manet e Cézanne do outro. E, se descermos ainda mais, nas profundezas da figura geométrica, rumo à base, encontraremos então a "massa embrutecida do populacho" (são palavras de Kandinsky) que, não compreendendo nada da lógica da inovação destruidora, caçoa do "guia genial". Por conta disso, para ele, é claro que o povo não pode compreender nada de uma arte moderna que permanece por natureza reservada à elite.

Pelo menos durante certo tempo.

Porque o triângulo continua a se elevar e a se deslocar para o alto incessantemente. Um dia virá, portanto, em que a base ocupará o lugar do ápice. Então, até mesmo a "massa embrutecida do povo" acabará compreendendo a que ponto ela se enganara. Picasso e Schönberg deixarão de ser solitários (conforme o título de um pequeno ensaio em que o autor de "Noite transfigurada" [Verklärte Nacht] se lamenta amargamente por não ser apreciado pelo grande público). Eles serão, enfim, reconhecidos pelo que são, ou seja, a vanguarda do movimento do espírito.

Ouçamos, porém, o próprio Kandinsky:

> Um grande triângulo dividido em partes desiguais, a menor e mais aguda no ápice, esquematiza razoavelmente bem a vida espiritual. Quanto mais se vai para a base, mais as partes são grandes, largas, espaçosas e altas.
>
> Todo o triângulo, num movimento quase imperceptível, avança e sobe lentamente, de modo que a parte mais próxima do ápice atingirá "amanhã" o lugar em que a ponta estava "hoje". Em outras palavras, o que hoje é, para o res-

tante do triângulo, apenas uma arenga incompreensível e só tem sentido para a ponta extrema, parecerá, amanhã, para a parte que está mais próxima dela, carregada de emoção e de significações novas.

Por vezes, na ponta extrema, há apenas um homem, sozinho. Sua visão iguala sua infinita tristeza. E aqueles que estão mais próximos dele não o compreendem. Em sua indignação, eles o tratam de impostor...

Na vanguarda do movimento, o gênio inovador é, portanto, como acabamos de ver, incompreendido. É normal, já que sua arte se caracteriza por

uma recusa total das formas habituais do "belo", recusa que o leva a admitir como sagrados todos os procedimentos que lhe permitem exprimir sua personalidade.

Que ele não se aborreça muito com isso, sua hora chegará, pois:

A dissonância pictural e musical de hoje não é senão a consonância de amanhã.

É aí que se encontram os dois traços do individualismo liberal, a inovação que desconstrói as tradições de um lado, pronta para se emancipar ao sabor das imposições de uma beleza agora odiada e considerada "facilidade"; do outro, a expressão de uma individualidade única, a nenhuma outra semelhante, a originalidade absoluta sendo a marca, ou, melhor dizendo, o novo caderno de encargos desse demiurgo que é o artista. Daí o fato de que o pecado mais imperdoável que se possa conceber, o erro original por excelência, reside na imitação do passado:

> Cada época de uma civilização cria uma arte que lhe é própria, e que jamais renascerá. Tentar reviver os princípios da arte dos séculos passados não pode levar senão à produção de obras natimortas.

A arte não deve, portanto, apenas romper com todas as tradições, tornar obsoleto tudo o que é antigo. É também necessário que ela ultrapasse o presente para inventar um futuro, pois uma

> arte que não guarde em si poder algum de futuro, que não seja senão o produto do tempo presente e que não engendrará nunca "amanhã" é uma arte castrada.

Como se vê, eu não exagero: esses textos representam em estado quimicamente puro, com ingenuidade desconcertante, os dois momentos —

ruptura e criação — da inovação destruidora, as duas vertentes de um entendimento da arte que reflete como nenhum outro antes dele a lógica do capitalismo moderno. Daí a reconciliação paradoxal, mas por assim dizer programada, do burguês e do boêmio na figura do "bobo", quer dizer, no conceito comum da inovação destruidora.

Tentemos agora compreender mais profundamente a lógica íntima dessa reconciliação paradoxal. O empreendimento vale a pena, a tal ponto esse trabalho de análise permite, como nenhum outro, esclarecer alguns aspectos decisivos do tempo presente. Para melhor explicitar seus contornos, é preciso ver que o século XX foi palco de uma contradança que apenas a noção de inovação destruidora permite esclarecer. De um lado, os boêmios, que supostamente deveriam odiar o mundo burguês, vão quase todos terminar sua vida reconciliando-se com ele, descobrindo as alegrias que o dinheiro oferece, a notoriedade e as honrarias. De outro lado, os grandes capitalistas, que em princípio detestam tudo o que pode diminuir o ritmo de sua atividade mercantil — logo, tudo o que se assemelha às ideologias do estatismo da esquerda arcaica —, vão apoiar e, finalmente, se reconhecer nos artistas que, pelo menos na origem, antes de sua meia-volta, pertenciam justamente à movência capitalista. Por que, então, a exemplo daqueles de 1968 reconvertidos ao *business,* aos seguros, à publicidade, ao cinema ou ao Medef [Movimento das Empresas da França], a boemia romântica vai sem interrupção e sem falha aspirar às honras, tudo fazer para "vencer", ganhar dinheiro, notoriedade e reconhecimento, até mesmo, *horresco referens* [tremo ao lembrar], entrar tardiamente para a Academia Francesa, que ela passou a juventude conspurcando? Como compreender, do outro lado, a paixão dos burgueses por seu duplo oposto? Por que o industrial ou o banqueiro, com seus escritórios suntuosos e apartamentos com douraduras, querem a qualquer preço se acanalhar com o boêmio cujo sonho mais premente é abandonar o mais rápido possível o sótão e o pão que o diabo amassou?

Examinemos mais detalhadamente.

Quando a boemia se aburguesa...

Para finalmente compreender essa paradoxal porém evidente contradança, sugiro que nos detenhamos um momento na extraordinária história da boemia parisiense entre 1830 e 1900. Nela já podemos ler, mas com o frescor e a ingenuidade dos tempos originais, o que o modernismo iria se tornar no século XX; podemos ver naquele momento, conforme a afirmação de Henry Murger, como a boemia foi, sob muitos aspectos, apenas o "prefácio da academia". Dediquei um livro* a essa história extraordinária. Remeto a ele meus leitores mais corajosos, porém, para os mais apressados, retomo aqui em algumas linhas o que interessa diretamente ao nosso assunto.

Inicialmente, por que essas duas datas, 1830 e 1900? Por que situar a boemia "verdadeira" entre esses dois limites, nesse exato período, quando ela

* *L'Invention de la vie de bohème: 1830-1900*. Paris: Cercle d'Art, 2012. (N. T.)

parece ter continuidade no século xx (o "Bateau-Lavoir"* não seria a ilustração arquetípica da boemia parisiense?), e quando já a encontramos bem desperta no século xviii, por exemplo, no romance do marquês de Pelleport, *Les Bohémiens* [Os boêmios], ou até mesmo no século xvii, nas *Historiettes* [Historietas] de Tallemant des Réaux?

É porque, em 1830 — e aqui me alinho a um dos mais ilustres atores dessa maravilhosa história, Théophile Gautier —, não apenas a boemia se organiza em pequenos grupos, em "camaradagens", como se diz na época, mas, além disso, o romantismo que a inspira muda de natureza. Preferindo Victor Hugo a François-René de Chateaubriand, ele deixa de ser católico, nacionalista, contrarrevolucionário — em resumo, reacionário — para se tornar republicano, ou até mesmo "libertário", e, em todo caso, "modernista". Pétrus Borel — que foi, bem no início dos anos 1830, com Nerval, Gautier e alguns outros jovens discípulos do autor das *Odes*, um dos "pais fundadores" da primeira boemia romântica — define-se espontaneamente como um "basileófago", literalmente, um "devorador de rei", e até — acrescentava, procurando o que então se poderia encon-

* Prédio em Montmartre, famoso por ter sido residência de artistas como Maxime Maufra, Picasso, Juan Gris, Max Jacob, Modigliani, Brancusi e vários outros. (N. E.)

trar de mais distante do mundo educado da burguesia do reino de Luís Filipe I — um "caraíba". Fundando juntos o "Pequeno Cenáculo" [Petit cénacle] — assim chamado em homenagem a Victor Hugo, e logo rebatizado de "Bohème du Doyenné", mesmo nome da rua em que os jovens barbudos e cabeludos "matadores de acadêmicos de crânios calvos e queixos glabros" instalaram-se em comunidade —, eles buscavam libertar-se de todos os velhos hábitos, de todos os "valores burgueses", a fim de inventar um mundo incrível, radicalmente inédito, ao mesmo tempo encantador e encantado.

Sem ser uma singularidade absoluta, ela é, apesar de tudo, uma particularidade francesa bem notável: a boemia romântica dos anos 1830-1900 decididamente se orientará para o futuro, jubilosa, cheia de humor e de alegria — em suma, desprendida da nostalgia que constitui habitualmente o pathos do primeiro romantismo em outros países, especialmente na Alemanha, um movimento que geralmente se interpretou além-Reno como uma reação hostil à Revolução Francesa e ao Iluminismo, ou mesmo, mais amplamente, ao nascimento do mundo industrial moderno. A boemia romântica — que vai assinalar com uma marca indelével o século XIX francês — parece, ao contrário, acompanhá-lo como uma espécie de negativo, inseparável, apesar de tudo, do seu contrário.

E por que 1900?

Porque é a data na qual o grupo dos "Incoerentes", o último avatar dessa boemia romântica, se extingue definitivamente. Ele então dá lugar a uma boemia inteiramente diferente, a que vai habitar o século XX do dadaísmo e do Montmartre de Picasso, dos surrealistas de Breton e dos situacionistas de Debord: essa boemia não será mais humorística e romântica, mas política e militante, engajada de modo geral no comunismo, o artista se pensando não como um alegre pândego cuja existência tem por finalidade quase que exclusiva e última encantar o mundo e embelezar a vida, mas como a vanguarda mais esclarecida da revolução proletária. A figura mais ou menos sinistra do "artista engajado" vai aos poucos substituir, a partir dos anos 1900, a do dândi ou a do estudante que tinha prazer em ridicularizar o senhor Prudhomme, personagem da peça criada por Henri Monnier em 1830, um provinciano grosseiro e estúpido que simboliza ao longo do século XIX o burguês tolo e presunçoso. Com Tzara, Picasso ou Breton, membros do Partido Comunista, o lado antiburguês vai mudar de sentido. Da figura romântica do artista "maldito", passa-se à perturbadora figura do artista "militante". Imediatamente, os predecessores vão ser rejeitados: eles não são mais apresentáveis e, mesmo que eles inventem todos os "truques" da arte moderna, é melhor esquecê-los, calar a respeito deles: a esses falta cruelmente a "consciência de classe" para que possam ser vistos na nossa companhia. Tzara e Breton ainda lhes farão uma homenagem discreta, transformando, porém, os que serão chamados com condescendência de "românticos menores" em simples precursores, o que evidentemente vira um enterro de primeira classe.

Com a Batalha de Hernani, em 1830, Victor Hugo toma o partido dos Modernos contra os Antigos. Ele próprio, que tinha sido monarquista, próximo dos ultramonarquistas e de Carlos x, vai se tornar uma espécie de líder da boemia romântico-republicana. São os discípulos de Théophile Gautier, Gérard de Nerval e Pétrus Borel que vão fundar verdadeiramente a primeira boemia desse estilo; junto de alguns outros jovens, também habitados pela certeza de que a "verdadeira vida está em outro lugar", como dirá Rimbaud — também ele membro sucessivamente de dois grupos boêmios, o dos Vilains Bonshommes, e depois dos Zutistes. É essa boemia que Henry Murger descreverá em suas célebres *Cenas da vida boêmia*, livro publicado em 1849 que terá um sucesso fabuloso, inicialmente no teatro, em seguida na ópera de Puccini, à qual servirá de libreto.

É também nesse período, entre 1830 e 1900, que a boemia parisiense vai formar pequenos grupos, como acontecerá novamente em 1968, com nomes significativos do espírito libertário que logo se chamará de "esprit du fumisme": eles associam seus dois traços essenciais, o humor — que deve estabelecer distância entre o tédio e a banalidade da vida cotidiana — e a ideia de ruptura com os valores burgueses e as autoridades tradicionais. É assim que se verá florescer no Quartier Latin e, em seguida, em Montparnasse, e finalmente em Montmartre, uma plêiade de "camaradagens". Haverá dezenas, desde os Buveurs d'eau, os Zutistes e os Vilains Bonshommes, até os Hydropathes, Hirsutes, Jeune-France, Vivants, Brutalistes, Jemenfoutistes, Incohérents e tantos outros. O sucesso dos Incohérents, em especial, é fulminante. Em seus bailes à fantasia ou em suas exposições, os membros do já chamado "Tout-Paris" se amontoam aos milhares, ruas são bloqueadas por espectadores que vêm admirar os objetos absurdos destinados a "chocar o burguês": pentes para carecas, balanços de parede, ou ainda o "aquário de vidro fosco para peixe tímido", inventado pelo inenarrável Alphonse Allais, fundador, com o "ilustre Sapeck" [Eugène Bataille], do fumisme. É assim que esses jovens vão inventar todos os artifícios da arte moderna: as colagens, os *ready-made*, os monocromos — o primeiro, em 1882, intitulado *Combat de négres dans une cave pendant la nuit* [Combate de negros numa caverna à noite], é de Paul Bilhaud, logo seguido do célebre *Récolte de la tomate par des cardinaux apoplectiques au bord de la mer Rouge* [Colheita de tomates por cardeais apopléticos às margens do mar Vermelho], de Alphonse Allais — e até mesmo concertos de silêncio (*Funérailles d'un grand homme sourd* [Funeral de um grande homem surdo] e *Parce que les grandes douleurs sont muettes* [Porque as maiores dores são mudas]).

Malevitch, Cage e Klein não inventaram nada. Mas tudo acontece com alegria e humor, sem pretensão metafísica ou política, e logo, muito antes do aparecimento do artista filiado ao PCF, o Partido Comunista Francês, que vai pôr fim a essa primeira boemia. Tzara redige um artigo sobre os "Bouzingots" — é o termo que servia por vezes para designar os primeiros boêmios —; Breton escreve uma antologia de humor negro na qual homenageia alguns predecessores célebres, mas, como observei, é apenas para melhor enterrá-los, recuperá-los, fazer deles simples precursores de seu próprio engajamento militante. No essencial, esses jovens não são suficientemente sérios para figurar no panteão da militância operária. Quando Yves Klein retoma a ideia dos monocromos ou das exposições sem quadro, ele o fará no modo metafisico-político de chumbo que não mais abandonará a arte contemporânea, ornamentando suas reflexões pseudofilosóficas com imbecilidades do tipo: "É preciso matar todos os pássaros", que somente a insondável tolice do esnobismo parisiense fará passar por geniais.

Ora, o que surpreende no destino dos primeiros boêmios românticos é que a maioria deles vai acabar a vida no mais decepcionante aburguesamento. Charles Nodier e Victor Hugo, por exemplo, fundadores das "soirées de l'arsenal" [noites do Arsenal] — que deram o pontapé inicial nessa aventura —, terminarão suas carreiras na Academia Francesa. Nodier, porém, não tinha palavras duras o bastante em seus primeiros artigos (não os cito aqui, mas o leitor encontrará, se quiser, todas as referências em meu livro sobre a boemia) para criticar o Instituto. Aliás, aqui está um pequeno texto muito significativo, extraído das lembranças de Alexandre Dumas, sobre a entrada de Charles Nodier para a Academia. Ele passeia com Victor Hugo quando cruzam com o amigo envelhecido na rua:

> Um dia, nós o encontramos humilde, embaraçado, envergonhado. O autor de *Histoire du roi de Bohème et de ses*

> *sept châteaux* [História do rei de Boêmia e de seus sete castelos] acabara de ser nomeado acadêmico. Ele apresentou suas humildes desculpas a Hugo e a mim, nós o perdoamos. Depois de ter recusado cinco vezes, Hugo, por sua vez, foi nomeado. Ele não se desculpou comigo e fez certo, porque ele eu não teria perdoado.

Evidentemente, o talento de Hugo era diferente do de Nodier, mas o destino dialético, essa transformação da boemia em seu contrário, não é exceção. A bem dizer, é antes a regra: "o ilustre Sapeck", o pilar do fumisme, acaba numa subprefeitura; Pétrus Borel, o anarquista entre todos, o revoltado, no final se encontra inspetor da colonização sob a proteção de general Bugeaud! Gautier acaba como aposentado do Estado e bibliotecário da princesa Mathilde; quanto a Richepin, o autor da *La Chanson des gueux* [A canção dos pobres] — coletânea corrosiva que lhe custa semanas de prisão —, ele vê a Academia Francesa abrir-lhe as portas... e corre ao seu encontro! Tudo isso nos lembra algo, a nós que conhecemos Maio de 68: todos os participantes que se tornarão senadores depois de ter pertencido à Liga Comunista Revolucionária (LCR), que integrarão a Inspeção Geral da Polícia Nacional (IGPN) depois de terem sido maoistas, que vencerão nos postos de poder e de dinheiro, no cinema, na publicidade, na imprensa, nos seguros, no Medef, na UMP [União por um Movimento Popular], e deixo de citar os melhores.

Ora, contrariamente ao que se crê à primeira vista, trata-se menos de uma renegação do que de uma evolução lógica. Já em suas *Cenas da vida boêmia,* Murger, que pertencera à confraria dos Buveurs d'eau, tinha perfeitamente compreendido o sentido dessas singulares reviravoltas — o que de resto lhe valeu a inimizade definitiva de seus ex-companheiros. Ele distinguia, no seio da boemia, três tipos diferentes: a "boemia ignorada" — a "mais numerosa" segundo ele, aquela sobre a qual ele declara, não sem crueldade, que "não é um caminho, mas um beco sem saída"; a boemia dos "amadores", a mais vil c dcsprczívcl, a dos pequenos-burgueses que brincam de assustar e voltam rapidinho para a casinhola; e, finalmente, a "verdadeira boemia", a única autêntica, mas sobre a qual ele já afirmava que, na verdade, era apenas uma transição para o sucesso, o êxito social e a notoriedade.

A esse movimento corresponde, simetricamente, aquele pelo qual a burguesia devia, por sua vez, se acanalhar…

E quando a burguesia se acanalha...

Para compreender essa contradança à primeira vista tão estranha quanto inegável num plano simplesmente factual, tentem imaginar uma espécie de retrato falado do homem de direita dos anos 2000. Imaginemo-lo como um diretor de empresa já idoso, pelo menos o suficiente para ter conhecido a França de antes da grande desconstrução das tradições, que marcou o século xx na arte bem como nos costumes, antes, portanto, do desabrochar de todo tipo da sociedade da inovação destruidora que, evidentemente, foi o verdadeiro motor deste permanente desenraizamento. Ele é o diretor da empresa, logo, de direita. Frequentemente dizem-me que existem patrões de esquerda. Está certo. Também existem peixes voadores, mas mesmo assim não é a maioria do gênero. Quando se é diretor de empresa, assim pensa meu personagem, em todo caso, existe-se para o lucro, para o mercado, para certa hierarquia das funções e dos salários, para a globalização, a inovação, a flexibilidade, em suma, se é de direita!

Em 2002, meu diretor votou em Jacques Chirac, mas ele se arrepende até hoje. Seu presidente, genial na conquista do poder, foi nulo em seu exercício: os encargos que pesam sobre as empresas só fizeram aumentar, do mesmo modo que a dívida e o déficit público. Obrigado, direita! Todas as vezes que três estudantes saíram à rua para manifestar, o governo recuou. Eu sei, eu estava lá. É muito simples, se tivesse havido um campeonato mundial de marcha a ré, o presidente Chirac teria ganhado com os pés nas costas!

Nosso diretor está, portanto, profundamente decepcionado com os políticos.

Situemo-lo agora em sua vida privada. As coisas não estão melhores. Imaginem, por exemplo, a seguinte cena: sua filha convidou — ele não tem sorte — a turma de seu neto de oito ou nove anos para uma festinha de aniversário. Ele vê desembarcar em seu belo apartamento uma coleção de pequenos bárbaros, de pequenos selvagens a respeito dos quais ele constata, consternado, que simplesmente são incapazes de dizer convenientemente “Bom dia, senhor”. Deste “senhor” ele fazia questão, mas até mesmo o simples “bom-dia” desapareceu. Quanto ao “obrigado”, com ou sem “senhor”, você pode esperar sentado. Meu novo misantropo está, aliás, quase certo de que, ao sair, nenhum daqueles garotos lhe dará ao menos um "até a próxima". Você já teve a infelicidade de falar com eles sobre literatura, história da arte, ou até mesmo cinema? É um desespero! Se por acaso eles lhe escrevem uma carta — felizmente, porém, você não corre esse risco —, ela estaria cheia de erros de ortografia. Enfim, nosso diretor acha que "está tudo uma droga", que o declínio ameaça e que não são os políticos, tendo em vista sua covardia congênita, que vão resolver a situação...

Não estou exagerando, até porque o diagnóstico feito por meu velho amigo não está completamente errado. Ele é sem dúvida um pouco rude e não muito sutil, como sempre, porém bastante correto. É verdade quanto à educação e à cultura clássica que as coisas não estão dando muito certo.

Simplesmente, eu lhe digo como um amigo, um que pertence como ele à direita republicana (aliás, votamos igual), que é ele e apenas ele o verdadeiro responsável por esta situação. Ele só pode culpar a si mesmo e a mais ninguém. Pelo menos dessa vez não é a esquerda a responsável pelo declínio que ele pensa estar acontecendo. Em todo caso, não essencialmente, mas são ele e seus colegas diretores de fato os verdadeiros culpados. Por quê? Simplesmente porque há decênios eles movimentam a todo vapor a lógica da inovação destruidora, sem ver ou compreender os efeitos que ela produz. Meu diretor vende celulares e videogames. Ora, desde sempre ele tem apenas um único objetivo em mente: que nossos filhos se tornem consumidores, se possível viciados, drogados digitais. Não posso lhe querer mal, é sua profissão. E se nós, cidadãos, não consumíssemos cada vez mais, sua firma certamente iria à falência.

Se dispuséssemos de microscópios que, em lugar de nos mostrar moléculas ou bactérias, nos permitissem ver de perto conceitos e ideias, poderíamos constatar em laboratório, em estado por assim dizer quimicamente puro, o seguinte: que o consumo se parece exatamente com o vício. Eles têm fundamentalmente o mesmo DNA, a mesma natureza. O que é um viciado? Alguém que não consegue deixar de aumentar as doses e a frequência de consumo até a morte, se for necessário. Ora, essa é exatamente a definição do cliente ideal de meu diretor, do cliente que iria fazer compras com mais frequência e que compraria sempre mais.

É preciso, pois, para fabricar do modo mais rápido possível um cliente assim, mergulhar nossas crianças na lógica da privação. Como fazer isso? Essencialmente, de dois modos.

O primeiro consiste em fazer grandes campanhas publicitárias, se possível nos canais de televisão dedicados às crianças. Meu diretor faz uma grande quantidade delas, embora ache, pessoalmente, suas próprias mensagens publicitárias completamente idiotas. O segundo vai nos permitir reunir tudo o que vimos até aqui. Trata-se de desconstruir da forma mais radical possível os valores tradicionais. Por quê? Nós já dissemos anteriormente e é muito fácil compreender: quanto mais rica for sua vida interior, quanto mais você for estruturado pelos valores não apenas morais, mas culturais e espirituais estáveis e fortes, menos você experimenta a necessidade de consumir a toda hora. A recíproca é verdadeira: quanto mais os valores tradicionais desaparecem, mais nos viciamos, mais nos entregamos sem defesa à lógica do consumo.

Meu diretor de empresa começa a compreender confusamente que, no final das contas, os artistas revolucionários, os boêmios, em suma, toda essa "gente de esquerda" que, segundo ele, destrói a escola, a educação e a ortografia, lhe fizeram, apesar de tudo, um favor. Num outro plano, é claro, o do consumo, mas sua firma enfim não avança graças à destruição desses valores? O que o deixa um pouco pensativo, sem dúvida, mas o lança também para as galerias de arte contemporânea...

Por isso eu digo ao nosso diretor, sempre amigavelmente, no dialeto universal que ele aprendeu com certa dificuldade para se adaptar à globalização: "*You can't have your cake and eat it too!*" [Não se pode ter tudo]. Gosto muito desse provérbio pois ele existe em quase todas as línguas e em cada uma delas ele diz alguma coisa do *Volksgeist*, do espírito do povo. Em francês, se diz: "*Tu ne peux pas avoir le beurre, l'argent du beurre et le sourire du laitier*" [você não pode ter a manteiga, o dinheiro da manteiga e o sorriso do leiteiro], no caso: você não pode ter uma criança bem-educada, culta, polida e a consumidora frenética que você não para de fabricar para que o comércio avance. Isso não coexiste no mesmo cérebro. Em outras palavras: você é perfeitamente esquizofrênico: enquanto avô, você é um conservador e até mesmo um reacionário militante. Você aplaude os ministros de direita assim que eles prometem voltar ao comando, aos "fundamentais" e aos bons e velhos métodos à antiga. Enquanto diretor de empresas, porém, você é um modernista desenfreado, fanático. Você demonstra ter gostos vanguardistas até no trabalho e não para de repetir às tropas que não se pode dormir, que é preciso romper com os velhos hábitos, com as tradições em que nos fechamos, e que somente aquele que inventa e inova continuamente merece viver! Mas eu repito: "*You can't have your cake and eat it too!*" Ou, como dizem os italianos: "*Não se pode ter o tonel cheio e a mulher embriagada!*".

Como Picasso ou Duchamp, nosso burguês pratica agora a tábula rasa e a inovação radicais. Em nome do *benchmarking*, ele deve revolucionar sua firma continuamente. O que dá perfeitamente razão a Marx e a Schumpeter: o capitalismo é de fato a revolução permanente, a inovação destruidora em jato contínuo.

A globalização liberal demonstra ser o lugar de uma transmutação sem igual: em seu seio, enquanto o boêmio se aburguesava, o conservador se tornou revolucionário, o burguês se tornou boêmio. Agora é ele quem atropela sem interrupção as tradições. Assim, de um lado ele lamenta o que de outro ele fabrica. Sua mão direita ignorando o que faz a esquerda, ele não compreende mais nada do enredo, nem da história na qual vê ora um declínio fatal, ora uma promessa de sucesso, sem se dar conta de que simplesmente ele é seu principal ator.

O futuro da arte

De modo semelhante à consciência infeliz tão bem descrita por Hegel, temos a tendência a perceber na história apenas aquilo que desmorona e morre, quase nunca o que surge e ganha vida. Donde nossa propensão ao pessimismo, propensão tanto mais forte à medida que dá asas ao pensamento negativo. Em oposição ao otimismo, sempre aparentemente tolo, o pessimismo confere de imediato a quem o professa uma bela presunção de inteligência. Donde ele se torna o mal-estar do século. São incontáveis os ensaios que anunciam a derrota do Ocidente, a deserção cívica, o horror econômico-liberal, a falência do capitalismo; que profetizam em páginas e páginas temperadas com Schopenhauer, Cioran ou o inevitável Murray o destino — pelo que se vê — trágico do continente. *Laudator temporis acti*, elogio dos tempos passados, ou, para traduzir de acordo com a preferência atual: antes era melhor!

De acordo com o que foi dito, não é difícil compreender o que motiva hoje esse fundo de comércio intelectual e moral que constitui o pessimismo. No limiar deste século, concordo sem dificuldade, devemos constatar efetivamente que os motivos tradicionais do sacrifício coletivo, violento e maciço, foram liquidados. As grandes causas mortíferas, as que matavam em massa mas davam também propósito, desapareceram. Quem gostaria ainda hoje, pelo menos na Europa Ocidental, de morrer por Deus, pela pátria, ou pela revolução? Praticamente ninguém.

Em oposição à morosidade ambiente, porém, eu afirmo que é a melhor notícia, não do século, mas certamente do milênio. Um brinde!

Quando se trata de guerras nacionalistas, como poderia eu lamentar — eu que estudei na Alemanha — o tempo em que meu pai atirava nos meus professores (e reciprocamente)? Quanto aos delírios totalitários, nazistas, stalinistas, trotskistas ou maoistas, que fizeram dezenas de milhões de mortes em condições atrozes, quem (exceto alguns intelectuais senis corroídos pela nostalgia da juventude) não se alegraria com sua extinção? E isso significaria que vivemos a era do vazio, do desencanto do mundo, da melancolia democrática, da derrota do pensamento e da deserção cívica? Não creio. Nisso reside exatamente a ilusão arquetípica dessa consciência infeliz que ama tanto não amar. O que vivemos não é absolutamente o eclipse do sagrado, o fim dos valores, mas sua encarnação numa nova face, a da humanidade. Foi o que chamei de "segundo humanismo", baseado na divinização do humano, ou a "transcendência na imanência" na própria humanidade. Em meus livros anteriores, mostrei como ele se ligava historicamente à "revolução do amor", ou seja, à transição, na velha Europa, do casamento arranjado pelos pais e pelas aldeias ao casamento escolhido pelos indivíduos, por amor e para o desabrochamento do amor no seio da família moderna. Não retomarei a questão.

Façam-se, porém, a seguinte pergunta: por quem ou por que vocês estariam dispostos a arriscar a vida, e em certos casos, a sacrificá-la? Em outras palavras, o que vocês consideram sagrado, no sentido próprio, como digno de sacrifício?

Porque o sagrado não é, ou não é apenas, o religioso oposto ao profano. É também e antes de tudo — como, aliás, se entende em francês — aquilo pelo qual nós poderíamos sacrificar, arriscar ou mesmo dar a vida. Resposta para a imensa maioria de nós: foi o ser humano que se tornou sagrado para nós, a começar, certamente, por aquele que é sacralizado pelo amor ou pela amizade; o parente, mas também seu contrário, o próximo. Graças ao liberalismo tão depreciado e, contudo, tão amável, vivemos o nascimento de uma nova face do humanismo, que não é mais o de Voltaire e de Kant, dos direitos do homem e da razão, daquelas Luzes que certamente foram portadoras de um vasto projeto de emancipação, mas que conduziram também à colonização e ao imperialismo.

Trata-se de um humanismo pós-colonial e pós-metafísico, um humanismo da transcendência do outro e do amor. Precisamos de novas categorias filosóficas para pensar suas armadilhas e esperanças. É pouco dizer que o jogo vale a pena, e é ele que me interessa há anos; são suas particularidades que tento explorar de livro em livro.

Desse novo humanismo, vejo o equivalente na arte e na literatura a partir das vanguardas em autores como o tcheco Milan Kundera, Philip Roth nos Estados Unidos, ou Emmanuel Carrère na França. Parece-me que eles apostam na retomada — para além das derivas de um novo romance tão insípido, tedioso e desprovido de sentido quanto uma obra de arte conceitual — da intriga, da psicologia dos personagens, mas sem por isso voltar à literatura antiga, ao grande romance do século XIX. Roth, Kundera ou Carrère, em estilos diferentes, é claro, nos falam da contradição entre o amor e a morte, da velhice, do sexo e de nossas vidas amorosas de um modo até então desconhecido, muito diferente de Balzac, Flaubert ou Stendhal. Não é a mesma época. Logo sentimos que estamos naturalmente no nosso universo, no mundo contemporâneo. Eles nos tornam sensíveis e até mesmo, às vezes, nos fazem descobrir perspectivas inéditas sobre dimensões da vida humana que se tornaram o tecido mesmo de nossas existências, mas que os romancistas do século XIX ignoravam.

Quando Philip Roth fala de sua doença, de sua impotência, de seu câncer, mas também do feminismo e do politicamente correto que devastam as universidades americanas, ele fala como ninguém da realidade humana "desconstruída", pós-moderna: o humano não é mais idealizado, racionalizado, visto como uma consciência clara. É o humano de hoje, com suas grandezas, suas verdadeiras misérias, suas experiências ligadas a certa época e que oferecem uma paleta inteiramente nova. Isso só é possível, aliás, depois deste século de desconstrução que teve pelo menos o mérito de liberar dimensões até então inexploradas da existência humana: o inconsciente, o corpo, o sexo, a incoerência, o irracional, em suma, a parte mais obscura de nossas existências. É o que encontro do verdadeiramente novo nesses autores: com eles, não estamos mais no primeiro humanismo da razão e do direito, nem na pura desconstrução, mas numa abordagem realmente mais abrangente e mais profunda do humano. E é o que eu também encontro, *mutatis mutandis*, no *Concerto para a mão esquerda* de Ravel ou nos concertos para violão de Bartók ou, embora datando de 1913, em *A sagração da primavera*. Não é uma questão de cronologia estrita.

A mesma coisa, em outro registro, com Emmanuel Carrère, a meu ver o maior romancista francês atualmente (mas eu não li tudo e se trata apenas de um julgamento subjetivo e assumido como tal), em especial em seu livro, *Outras vidas que não a minha*, que fala de nossos amores e de nossas angústias como eu jamais li antes, mas também em seu *Limonov*, delinquente que apresenta todos os defeitos da Terra, toda a face obscura do humano. Em *Crítica da faculdade do juízo*, Kant já dizia que a verdadeira arte não reside na representação de uma bela coisa, mas na bela representação de uma coisa. E, consequentemente, não é o assunto de uma tela que constitui seu valor, mas o modo como ela o trata. Um célebre quadro de Pieter de Hooch, um dos mais belos desse pintor holandês, representa uma mãe que cata piolhos na filha: nada de grandioso a priori, e, contudo, a obra é de uma beleza de tirar o fôlego. O mesmo acontece com o último livro de Carrère. O tema, Eduard Limonov, personagem real e ainda deste mundo, não tem nada de particularmente agradável. Para falar francamente, é um horror, um bom safado. Prostituído, drogado, bêbado de vez em quando, é também um caloroso defensor de Arkan, o mais vil participante do exército sérvio, assassino e torturador notório, o qual Limonov não deixa de elogiar antes de fundar um "partido nacional bolchevista" que imita, até em suas insígnias, certo partido "nacional-socialista". Mesmo assim, o livro de Carrère é do princípio ao fim apaixonante. Nele se aprendem mil coisas sobre a história da Rússia e, de modo geral, do último meio século.

O que é admirável nesses autores que conseguiram se livrar do jugo da vanguarda sem cair no classicismo é que eles se libertaram da obrigação quase que stalinista de repetir os outros, de se situarem forçosamente na desconstrução, na renúncia do sentido e da beleza. Eles são finalmente — que alívio! — "pós-desconstrucionistas". A meu ver aí se encontra o verdadeiro talento de hoje. Penso que determinado número de grandes escritores já nos anos 1940, 1950 ou 1960, inventaram o mundo a partir do modernismo estéril das vanguardas. Nas artes plásticas, eu falava anteriormente de Bacon, Richter, Nicolas de Staël, Garouste, Kiefer, Li Chevalier. Na música, falaria de Bartók, Stravinsky, Ravel e até mesmo da pequena *Sonata* de Berg. São verdadeiros inventores da arte pós-modernista, que é o que me interessa hoje. Não estou dizendo que tudo foi negativo na arte contemporânea, digo simplesmente que no século XX tivemos uma história que foi *principalmente* a da inovação destruidora, e que é tempo de perguntar o que vem depois, no século XXI. Quando, finalmente, vamos reassociar a inovação e a beleza, a inovação e as grandes experiências humanas, a inovação e o sentido? É essa a ideia que os autores que eu acabo de citar já nos dão, a mesma que, quanto a mim, procuro no campo de uma filosofia que deve ela também se tornar enfim pós-desconstrucionista.

Não sou pessimista quanto ao tempo presente, nem quanto ao futuro. Penso, simplesmente, que houve na arte bem como na filosofia uma espécie de terrorismo da desconstrução, notadamente nos anos 1950, 1960 e ainda em 1970, que freou muitos escritores e artistas que se sentiram absolutamente obrigados a criar, a todo custo, a dissonância e a diferença em quadros branco sobre branco ou concertos de silêncio. Mas tudo isso passou, e eu acredito que o segundo humanismo tem agora seus artistas e romancistas geniais que dão forma a dimensões até então ocultadas do nosso conhecimento, da qual descobrimos a beleza e o sentido que contribuem para a representação de nossas vidas.

A Europa e o sagrado

Pensar além do pessimismo e do otimismo

"O que fazer?"

É a pergunta (voltarei a ela) do poder e do sentido nesse jogo de desapossamento e de non-sense que é a globalização.

Convidado recentemente para falar sobre a Europa num congresso, encontrei-me sentado ao lado de Daniel Cohn-Bendit. Os olhos brilhantes, uma liberdade de tom intacta, ele é um dos últimos europeus a ainda poder falar do projeto federal sem logo provocar sono no público. Os outros, é preciso dizer, são de morrer de tédio. Cheios de boa vontade, repletos até a raiz dos cabelos de boas intenções, repetem como uma prece na missa as inevitáveis ladainhas que falam da "paz, dos direitos do homem, da prosperidade e do progresso social", eles fariam uma assembleia de federalistas se tornarem céticos. Tenho de reconhecer os fatos: em geral, o discurso pró-europeu provoca um tédio tão profundo que, em comparação, o discurso dos "contra" (frentes de esquerda ou de direita) parece ser bem mais animado. Eles acertam sem erro exatamente onde dói, enquanto os "experts", cada um com um jargão mais apurado que o outro, encadeiam, sem se dar conta, afirmações incompreensíveis para 99% dos concidadãos. Sobre taxas referenciais, união bancária, o papel do Banco Central Europeu "credor em última instância", *"eurobonds"* [títulos de créditos], mutualidade da dívida, a Grécia que afunda, ou a Espanha que cresce, o papel do Parlamento, da comissão e muitos outros ainda mais difíceis: mal preparados, indiferentes aos não especialistas, seus discursos mergulham o ouvinte num sono tão profundo quanto uma cartela inteira de Rivotril. E não são nem Catherine Ashton, nem Van Rompuy, independentemente de seus méritos e boa vontade, que podem despertá-lo. Aliás, é muito simples, eles são inaudíveis.

Trata-se de uma constatação factual que enuncio sem aspereza, mas também sem entusiasmo, pois sou decididamente federalista — pelo menos em certos aspectos — por dois motivos.

O primeiro é que eu considero, sob certos aspectos, a civilização europeia superior a todas as outras, não por eurocentrismo, mas porque ela é a única, como já dizia Kant em 1784, em *O que é o Iluminismo?*, que permitiu aos cidadãos saírem da infância e alcançar a idade adulta. Nas teocracias que hoje ensanguentam o mundo, como antigamente aconteceu nas ditaduras totalitárias, os indivíduos são tratados como menores. O chefe de Estado se considera um pai de família mais ou menos benevolente que pode proibir as mulheres de dirigir ou obrigar as menininhas de sete ou oito anos a se casarem com homens maduros que nunca conheceram antes — lembro rapidamente que, de acordo com um recente relatório da ONU, 130 milhões de meninas serão forçadas a se casarem até 2020, o que para elas, no plano do bem-estar, amoroso, moral, cultural e profissional, é simplesmente uma catástrofe. A Europa é o contrário desse horror, é a civilização da autonomia em todos os níveis, na vida política bem como na vida cultural ou afetiva. Ora, sem essa infraestrutura indispensável à sobrevivência que é a União Europeia, se voltarmos para a lógica mortífera das nações fechadas em si mesmas, é este continente singular — o único que conseguiu aliar liberdade e proteção social — que será varrido pelos maus ventos que sopram hoje de todos os lados.

Em nome dos nacionalismos, a última guerra mundial fez 53 milhões de mortos: temos certeza de que queremos repetir? Os discursos sobre a Europa deveriam se inspirar em uma reflexão fundamental sobre o fato de que esse espaço único de liberdade esteve evidentemente ligado ao fim do teológico-político, quer dizer, ao nascimento de parlamentos em que se decidiu, pela primeira vez na história da humanidade, fabricar leis *pelos e para* os seres humanos em vez de derivá-las de textos sagrados ou de caprichos de um monarca absoluto.

Ainda há, porém, outro motivo que poderia dar novo brilho à União Europeia: no contexto da globalização, as alavancas das políticas tradicionais levantam pouco ou absolutamente mais nada. Como vimos, o mercado é mundial, mas nossas políticas permaneceram nacionais, e esse distanciamento se traduz por um crescimento exponencial da impotência pública. Nesse contexto, apenas duas questões importam, como sugeri desde o início deste pequeno livro: como recuperar o controle do mundo que nos escapa cada dia mais? E para fazer o quê? Questão de poder, consequentemente, e questão de sentido.

Vejo apenas uma resposta plausível para isso: a Europa é o desvio pelo qual agora temos de passar para recuperar margens de manobra. E se ainda existe um objetivo grandioso neste mundo, é exatamente o que consiste em defender — e se possível estender ao resto do planeta — os valores de autonomia moral, política e cultural inventados no nosso continente. Consequentemente, é porque sou a favor da soberania que sou federalista: é para que os Estados recuperem o poder que defendo a Europa. Voltando ao franco e à nossa solidão, estaremos preparando o terreno para os novos entrantes que sonham nos esmagar. Desprovidos dos encargos ligados ao Estado assistencial, seus custos de produção são dez, vinte, ou mesmo trinta vezes inferiores aos nossos. Por mais demagogos e cegos, as diatribes antieuropeias não param de ganhar terreno. Se os "pró" não despertarem, a única ideia política digna desse nome desaparecerá.

Como já por diversas vezes convidei meus leitores — mas volto a isso propositalmente —, façam esta experiência mental bem simples: leiam ou releiam os utopistas do século XIX, Saint-Simon, Leroux, Fourier, Godin... Ou, melhor ainda, vejam Dickens ou o velho Victor Hugo e seus *Miseráveis*. Mesmo em seus sonhos mais loucos, nenhum desses doces sonhadores teria ousado imaginar por um segundo um décimo, ou, melhor dizendo, um centésimo daquilo que cada uma de nossas crianças dispõe hoje ao nascer em termos de liberdade de ir e vir, de palavra, de direito à educação, à contestação, à cultura, à saúde, ao lazer etc.

Imaginem se eu dissesse a Hugo, quando ele escrevia *Os miseráveis* no início dos anos 1860, que, no século seguinte, o ensino e a medicina seriam gratuitos, acessíveis até mesmo aos mais pobres e aos estrangeiros; que os operários seriam beneficiados com aposentadorias e férias remuneradas; que a liberdade de opinião seria garantida e que ninguém corria mais o risco de ser exilado em Guernesey ou em outra parte por ter criticado o governo; que não se trabalharia setenta ou oitenta horas por semana em fábricas insalubres, mas 35 em lugares adequados; que máquinas voadoras permitiriam a todos descobrir o vasto mundo em tempo recorde; que uma estranha janela aberta todas as noites em milhões de lares ofereceria a quem o desejasse meios de se informar, assistir, ou mesmo participar de debates contraditórios; de ouvir sobre livros ou teatro diretamente por aqueles que os produzem: ele, sem dúvida, teria dado uma gargalhada!

No século XIX, mesmo as mais audaciosas utopias não chegam — em matéria de liberdade dos costumes e de justiça social — aos pés do que as democracias europeias — apesar de todos os seus defeitos e crises que se quiser evocar — nos oferecem na realidade e que começam a nos cansar tanto. Como ricos obesos que não aguentam mais a abundância cotidiana, nós fingimos desprezar os principais ganhos da Europa. A paz, que nossos pais, avós e bisavós teriam desejado? Os direitos do homem, que são ultrajados em quase todos os outros países do mundo? A prosperidade inigualada se a comparamos no tempo e no espaço — mas comparar com o quê? Queríamos ainda um pouco mais de animação, de distração; alguns divertimentos suplementares.

Quando vejo a degeneração da cultura contemporânea, de uma arte que tem sucesso nos mercados, apesar do fato de ter deixado de ser bela e sensata, mas graças a isso mesmo; quando vejo o estado da educação de nossas crianças na esfera privada, e a volta de ideologias soberanistas, nacionalistas, antieuropeias na esfera pública, eu digo a mim mesmo, às vezes, que não estamos à altura, que não merecemos nossa própria herança, que o lado destruidor da inovação talvez tenha vencido nosso lado humanista e criativo. Não sou, contudo, pessimista. Caberá à nossa juventude responder a essas interrogações, caberá a ela decidir se quer desviar o curso da história para o pior ou para o melhor. Nada está perdido, o jogo não acabou. A moeda ainda está girando.

FSC
www.fsc.org
MISTO
Papel produzido a partir de fontes responsáveis
FSC® C112738

A marca FSC® é a garantia de que a madeira utilizada na fabricação do papel deste livro provém de florestas que foram gerenciadas de maneira ambientalmente correta, socialmente justa e economicamente viável, além de outras fontes de origem controlada.

Este livro foi impresso na
LIS GRÁFICA E EDITORA LTDA.
Rua Felício Antônio Alves, 370 – Bonsucesso
CEP 07175-450 – Guarulhos – SP
Fone: (11) 3382-0777 – Fax: (11) 3382-0778
lisgrafica@lisgrafica.com.br – www.lisgrafica.com.br